KOREAN
For Foreigners

compiled by **GANADA Korean Language Institute**

WORKBOOK

2
Intermediate

Korea **Language PLUS**®
Korean Service Institute

Language PLUS
13 Wonnam-dong, Jongno-gu
Seoul 110-450, Korea

Copyright © 2007
by GANADA Korean Language Institute

가나다 한국어 학원
☎ 02-332-6003 / Fax 02-332-6004
http://www.ganadakorean.com
ganada@ganadakorean.com

KOREAN LANGUAGE INSTITUTE
GANADA 1991

GANADA KOREAN LANGUAGE INSTITUTE is the first Korean Language
Institute in Korea since 1991, to be the only qualified, private school
dedicated exclusively to Korean language education.
< 가나다 KOREAN WORKBOOK> was created by GKLI's staffs.

• Price: 9,000 Won
• For all inquiries : Tel.3671-0594
            Fax.(02) 3671-0500
            E-mail. tltk@chol.com
            Homepage. www.langpl.com

ISBN   978-89-5518-377-1   14710
       978-89-5518-378-8   14710(set)

Printed in Korea

가나다 KOREAN

WORKBOOK

For Foreigners

PREFACE

〈가나다 KOREAN〉으로 한국어를 공부하는 분들의 한국어 학습을 돕기 위해 〈가나다 KOREAN WORKBOOK〉 시리즈를 출판하게 된 가운데, 〈초급1〉, 〈초급2〉, 〈중급1〉에 이어 이번에 〈중급2〉가 나왔습니다.

〈가나다 KOREAN〉은 교사와 같이 또는 학생 혼자서 CD를 들으면서 공부할 수 있도록 만든 교과서입니다. 〈가나다 KOREAN〉에서 배운 것을 보충하고 학생 스스로 확인할 수 있는 교재가 바로 〈가나다 KOREAN WORKBOOK〉입니다. 이 책을 통하여 꾸준히 연습하면 한국어 회화 능력과 더불어 문법과 쓰기 능력을 기르는 데 도움이 될 것입니다.

한국어 초급 과정을 마친 학생들은 중급 과정에서 좀 더 다양하고 복잡한 문법과 표현을 익히고 어휘력을 쌓아야 합니다. 자칫하면 지루해질 수도 있는 문법 공부이지만 워크북을 통하여 쉽고 재미있게 연습할 수 있을 겁니다. 그림 보고 문장 만들기, 대화 완성하기, 자주 틀리는 표현 고치기 등의 문제를 풀면서 배운 것들을 확인해 나가기 바랍니다.

혼자 공부하는 분들은 뒤에 실린 해답을 보고 스스로 체크할 수 있습니다. 각 과의 연습과 함께 다섯 과가 끝날 때마다 복습 문제가 있어서 다섯 과의 문법을 종합적으로 검토할 수 있습니다.

〈가나다 KOREAN WORKBOOK〉이 한국어 학습자들에게 조금이나마 도움이 되기를 바랍니다. 저희 가나다한국어학원 교재 연구부는 앞으로도 계속하여 한국어 교재 개발과 교수법개발에 힘쓸 것을 약속드립니다. 〈가나다 KOREAN〉을 사랑해 주신 많은 분들께 감사드리며, 한국어 교재 개발에 뜻을 같이하시고 〈가나다 KOREAN WORKBOOK〉을 출판할 수 있도록 도와주신 랭기지플러스에도 감사를 드립니다.

2007 년 1 월

가나다 한국어학원 교재 연구부

CONTENTS

CONTENTS

LESSON

1~30

~(이)라니 / 다니 /(느)ㄴ다니
~(으)ㄴ / 는걸요.
~에 비해서

1 다음 글을 읽고 질문에 대답하십시오.

> 자신의 것이지만 남이 더 많이 사용하는 것, 다른 사람에게 자신을 소개할 때 제일 먼저 말하게 되는 것, 바로 이름이다. 그 사람의 이름만 들어도 남자인지 여자인지 짐작할 수 있기도 하고 어느 나라 사람인지까지도 알 수 있다.
>
> 한국인의 이름은 성과 이름을 합쳐 보통 세 글자로 되어 있고 아버지로부터 받은 성을 앞에, 주위 사람들이 지어준 이름을 그 다음에 붙인다. 넓은 의미에서의 이름은 성과 이름을 합친 것인데 '성명'이라 하기도 하고 좁은 의미의 이름이란 성을 뺀 이름만을 의미한다.
>
> 이름을 지을 때는 보통 한자를 사용하여 짓고 같은 집안의 형제들 이름을 지을 때에는 돌림자를 넣어 짓는 문화도 있다. 하지만 최근 한국 사람들의 이름을 보면 전보다 한글로 지은 이름이 많아지고 돌림자를 넣어 이름을 짓는 전통 등은 점점 사라지고 있다.
>
> 배우나 가수 같은 연예인들은 연예 활동 시에 사용하려고 (가)_____을 짓기도 하고 친구나 가족 사이에서는 그 사람의 특징을 가지고 (나)_____을 지어 부르기도 한다. 이렇게 사람들은 종종 (다)_____이 아닌 다른 이름들로 불리기도 한다.

1. 넓은 의미에서의 이름은 _____이고,

좀은 의미에서의 이름은 _____이다.

2. 최근 이름을 지을 때 달라지고 있는 점은 무엇입니까?

_____

_____

3. (가), (나), (다)에 들어갈 알맞은 말은 무엇입니까?

① 가명, 별명, 인명 　　　　② 별명, 예명, 지명

③ 예명, 별명, 본명 　　　　④ 가명, 특명, 필명

4. 알고 있는 한국 남자 이름과 여자 이름, 그리고 자기 나라에 많은 남자 이름과 여자 이름을 써 보십시오.

남자 이름 : _____

여자 이름 : _____

② 단어와 맞는 설명을 연결하십시오.

1. 맏이 •   • ① 언니와 여동생

2. 남매 •   • ② 오빠와 여동생 또는 누나와 남동생

3. 외아들 •   • ③ 형제 중 제일 어린 사람

4. 장남 •   • ④ 큰아들

5. 돌림자 •   • ⑤ 둘째 딸

6. 차녀 •   • ⑥ 하나뿐인 아들

7. 형제 •   • ⑦ 형제 중 제일 나이가 많은 사람

8. 막내 •   • ⑧ 형과 남동생,
                     또는 형제·자매·남매 모두를 말함.

9. 자매 •   • ⑨ 형제 관계의 이름에 넣는 동일한 글자

～(이)라니 / 다니 /(느)ㄴ다니

③ 다음 단어에서 알맞은 것을 골라 〈보기〉와 같이 대답을 쓰십시오.

| 말도 안 돼요 | 너무해요 | 믿을 수 없어요 | 화가 나네요 |
| 섭섭하네요 | 부럽네요 | 다행이군요 | 잘됐네요 |

보기

가 : 공연 예약을 했는데 못 들어갔어요.

나 : <u>예약을 했는데 못 들어갔다니 말도 안 돼요.</u>

1. 가 : 환자의 상태가 좋아지고 있어요.

  나 : _____

2. 가 : 한 번에 두 회사에서 합격통지서가 왔어요.

　　나 : _____

3. 가 : 그게 사실이 아니래요.

　　나 : _____

4. 가 : 아리 씨가 다음 주에 고향에 돌아간대요.

　　나 : 그동안 정이 많이 들었는데 _____

5. 가 : 수고했는데 미안하지만 다시 해 가지고 오세요.

　　나 : _____

6. 가 : 지난번에 저한테 주신 거요, 제 마음에 꼭 들어요.

　　나 : _____

~(으)ㄴ / 는걸요.

4 〈보기〉와 같이 대답하십시오.

> **보기**
>
> 가 : 혼자 사니까 자유롭고 좋지요?
>
> 나 : 전 선배님이 부러운걸요, 가족도 있고…….

1. 가 : 운전하신 지 오래되셨어요? 잘하시네요.

　　나 : _____

2. 가 : 오래된 옷을 고쳐서 만들었는데 이상하지 않아요?

　　나 : _____

3. 가 : 여러 가지로 도와주셔서 감사합니다. 신세 많이 졌습니다.

　　나 : _____

4. 가 : 요리사니까 가족들한테 매일 맛있는 걸 해 주겠네요.

　　나 : _____

5. 가 : 틀린 게 많이 있을 텐데…….

　　나 : _____

6. 가 : 벌써 다 하셨어요? 빨리 하셨네요.

　　나 : _____

～에 비해서 (～에 비하면)

5 〈보기〉와 같이 대답하십시오.

보기

> 가 : 손님이 많이 는 것 같아요.
>
> 나 : 작년 같은 기간에 비해서 약간 늘었어요.

1. 가 : 그 사람이 특별히 잘 못하는 건 아닌데 왜 그러세요?

　　나 : 다른 사람들_____

2. 가 : 금년 여름에 한국의 날씨가 어떤 거예요?

　　나 : 예년_____

3. 가 : 이천만 원 투자해서 일 년에 삼백만원 벌었어요.

　　나 : _____

4. 가 : 한국말을 6개월 공부했는데 4급밖에 안 돼요.

　　나 : _____

5. 국제결혼을 하는 커플이 _____

6. 금년 상반기 해외 여행객 수가 _____

1 여기가 어디입니까? 해당하는 그림의 번호와 〈보기〉에서 맞는 단어를 골라 쓰십시오.

보기

마당, 부엌, 마루, 대문, 지붕, 담, 장독대, 안방

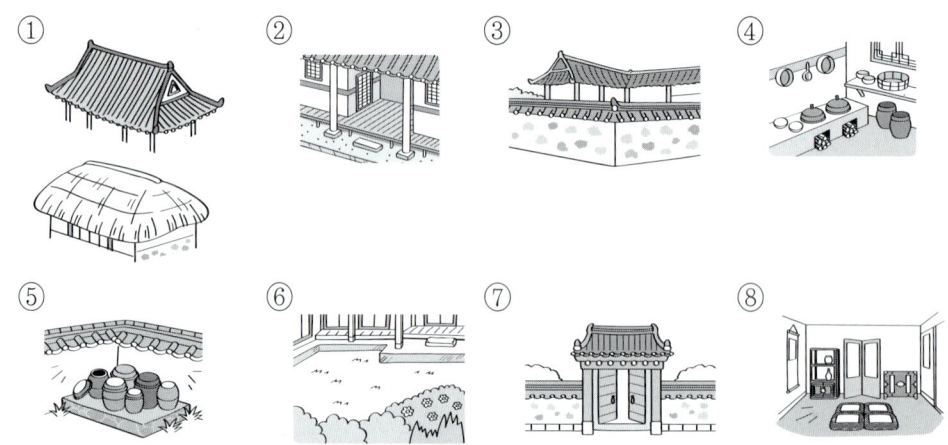

1. 방과 방 사이의 공간. 바닥이 온돌이 아닌 나무로 되어 있는 곳. 더운 여름에는 여기에 앉아 시원한 수박도 먹고 어머니들이 빨래를 손질하기도 했습니다. (   )

2. 기와집은 이것이 기와로 되어 있고 초가집은 이것이 짚으로 되어 있습니다. 초가집은 해마다 가을이 되면 새 짚으로 바꿔 줘야 했습니다. (   )

3. 밥도 짓고 반찬도 만듭니다. 요즘은 보통 싱크대와 가스렌지를 사용하지만 전에는 여기에 큰 솥도 있고 불을 때는 곳도 있었습니다. (   )

4. 큰 항아리를 독이라고 하는데 간장독, 고추장독, 된장독이 있는 곳입니다. 아이들은 여기에서 숨바꼭질을 하며 놀기도 했습니다. (   )

5. 집으로 들어가는 입구에 있고 회사나 학교 등에서는 정문이라고 합니다. 나무나 철, 알루미늄 등으로 만들고 아파트에는 없는 것입니다. (   )

6. 요즘은 보통 부부의 침실을 말합니다. 한옥에서 이곳은 침실·거실·응접실·식당 등으로 사용되기도 하고 원래는 그 집 여자 주인의 방을 가리키는 말이었다고 합니다. (   )

7. 꽃이나 나무를 심기도 하고 아이들 놀이터, 빨래를 말리는 공간이 되기도 합니다. 농촌에서는 여기에서 일을 하기도 합니다. (   )

8. 집의 경계가 되는 것입니다. 예전의 도둑들은 이걸 넘어서 들어왔다고도 하더군요. (   )

1. 가 : 귀찮게 해 드려서 죄송해요.

   나 : _____

2. 가 : 시간이 많이 남았는데 천천히 해도 되지요?

   나 : _____. 이틀밖에 안 남았어요.

3. 가 : 범수 씨는 형제가 많으니까 좋을 것 같아요.

   나 : _____. 날마다 싸우는걸요.

4. 가 : 마리 씨, 아르바이트가 힘들지 않아요?

   나 : _____. 재미있는데요.

5. 가 : 그 일은 스트레스가 쌓이지 않을 것 같아요.

   나 : _____

6. 가 : 바쁘실텐데 이렇게 와 주셔서 감사합니다.

   나 : _____

~ 느라고

1. 지갑을 놓고 와서 집에 갔다 오느라고 _____

2. 주말에 밀린 빨래를 하느라고 _____

3. _____ 그동인 저금해 놓았던 논을 다 썼어요.

4. 약도가 있었는데도 _____ 힘들었어요.

5. 가 : 뭐 하느라고 지금까지 저녁도 못 먹었어요?

　　나 : ＿＿＿＿＿＿＿＿＿＿＿＿ 시간이 없어서 못 먹었어요.

6. 가 : 동재는 대학교 졸업이 얼마 남지 않았죠? 어떻게 지낸대요?

　　나 : ＿＿＿＿＿＿＿＿＿＿＿＿ 정신없대요.

7. 가 : 연말이라서 요즘 바쁘시지요?

　　나 : ＿＿＿＿＿＿＿＿＿＿＿＿＿＿＿＿＿＿＿＿

8. 가 : 퇴근 시간이 한 시간이나 지났는데 이제 퇴근하세요?

　　나 : ＿＿＿＿＿＿＿＿＿＿＿＿＿＿＿＿＿＿＿＿

～았 / 었 / 였었어요.

4 〈보기〉와 같이 '어린 시절 이야기' 또는 '한국에 처음 왔을 때 이야기'를 쓰십시오.

> **보기**
>
> 저는 어렸을 때 김치를 안 먹었었어요.
>
> 그리고 아주 말랐었어요. 운동을 아주 싫어했었어요.
>
> 대학교 때 한국에 혼자 놀러 왔었어요.
>
> 한국에 처음 왔을 때 한국말을 하나도 못했었어요.

03

~(으)ㄴ지/는지/었는지/(으)ㄹ지 모르겠어요.
~(으)ㄴ가/나 봐요.

1 한국에서 식사할 때는 어떻게 하나요? 빈 칸에 알맞은 말을 고르거나 쓰십시오.

1. 밥상을 (   ) 때 상이나 식탁에 밥과 반찬 그리고 수저를 놓는다.
　① 놓을　　　　② 준비할　　　③ 챙길　　　　④ 차릴

2. 식사를 할 때에는 어른이 먼저 숟가락을 (   ) 후에 먹기 시작한다.
　① 든　　　　　② 잡은　　　　③ 쥔　　　　　④ 차린

3. 밥과 국을 따로따로 먹기도 하지만 밥을 국에 (   ) 사람들도 많다.
　① 담가 먹는　　② 말아 먹는　　③ 비벼 먹는　　④ 넣어 먹는

4. 밥그릇은 (　　　　　　　　) 먹는다.
　① 상에 놓고 숟가락으로　　　　② 상에 놓고 젓가락으로
　③ 손에 들고 숟가락으로　　　　④ 손에 들고 젓가락으로

5. 초대하고 식사를 준비한 주인이 손님에게 ＿＿＿＿＿＿＿＿＿＿＿＿＿＿
라고 한다. 이 말을 듣고 '아니, 차린 게 없다니…….' 하며 놀라는 사람이
있을지도 모른다. 하지만 이 말은 음식이 부족하지 않을까 걱정하는 주인
의 마음이 담겨 있는 인사이다.

6. 초대 받은 사람은 식사를 하기 전에는 ＿＿＿＿＿＿＿＿＿＿＿＿＿＿＿,
식사가 끝난 후에는 ＿＿＿＿＿＿＿＿＿＿＿＿라고 인사를 한다.

7. 음식이 손님 입에 맞을지 안 맞을지 걱정하는 주인이 ＿＿＿＿＿＿＿＿
＿＿＿＿＿라고 말하면, 음식을 먹고 있는 손님은 ＿＿＿＿＿＿＿＿
라고 한다.

2

1. 제 동생이 아주 먼 외국에서 혼자 살고 있는데 _____

2. 다음 주부터 가게를 시작하는데 _____

3. 이 선배가 어제 수술 받는다고 들었는데 _____

4. 조카한테 주려고 신발을 샀는데 _____

5. 가 : 저한테 주시는 거예요? 감사합니다.

   나 : _____

6. 가 : 어제 저희 친구들 모임에 와 주셔서 감사합니다.

   나 : _____

7. 가 : 석현이가 다쳤다고 병원에서 연락이 왔다면서요?

   나 : _____

~(으)ㄴ가 / 나 봐요.

3 〈보기〉와 같이 바꾸십시오.

> **보기**
>
> 요즘 이런 디자인이 유행입니다.
>
> 유행인가 봐요.

1. 별로 중요한 일이 아니에요.

2. 가방이 있는 걸 보니 이따가 다시 오실 겁니다.

3. 머리가 아프십니다.

4. 같이 놀고 싶지 않아요.

5. 토요일에 문을 <u>엽니다.</u> / <u>열지 않습니다.</u>

6. 어렸을 때 친구가 <u>많았어요.</u>

7. 청소기가 고장이 <u>났어요.</u>

8. 아직 식사 준비가 되지 <u>않았습니다.</u>

④ 〈보기〉와 같이 문장을 완성하십시오.

1. 식당 문이 잠겨 있습니다.

→ _____

2. 사장님이 하루 종일 한 마디도 안 하십니다.

→ _____

3. 손님이 음식을 남겼습니다.

→ _____

4. 아는 사람이 집도 사고 큰 차도 샀습니다.

→ _____

5. 남자 친구 소개 받으러 간 친구가 일찍 돌아왔습니다.

→ _____

6. 시험 성적을 말하지 않습니다.

→ _____

1 '한국의 술자리 문화'에 대한 그림입니다. 그림을 보고 설명을 쓰십시오.

1.
윗사람에게 술을 따를 때는

_____

2.
윗사람이 술을 따라 줄 때에도

_____

3.
윗사람 앞에서 술을 마실 때에는

_____

4.
각자 술잔에 술을 다 따른 후에는

술잔을 들고 _____라고

외치면서 잔을 _____

5.
옆 사람의 _____ 술을 따라 줘야

합니다. 그렇게 하지 않으면 실례가 됩니다.

6.

술을 마실 때는 오징어, 땅콩 같은 _____를 먹습니다.

술을 마신 다음날 아침에는 북어국, 콩나물국 같은 _____을 먹습니다.

2 각자 자기 나라에서 많이 마시는 술과 술 마시는 법에 대해 써 봅시다.

_____

_____

_____

_____

～아/어/여 두다

3 '～아/어/여 두다'를 이용하여 알맞게 쓰십시오.

1. 저는 여행 갔을 때 쓴 돈이나 갔던 곳을 _____ 습관이 있어요.

2. 거기 놓여 있는 물건을 치우지 말고 그냥 _____

3. 이 표현은 자주 쓰이니까 꼭 _____

4. 저는 혼자 사는데 밥을 한 번에 많이 해서 한 그릇씩 냉동실에 _____고
   필요할 때마다 꺼내서 먹어요.

5. 내일은 밤을 새워야 할 텐데 오늘 많이 _____

6. '타임캡슐'이란 그 시대를 대표하는 물건을 _____

1 다음 계약과 관련된 사례를 읽고 세 가지 의견 중에서 하나를 골라 의견을 완성하십시오.

> 제 누나가 집을 사려고 부동산소개소에서 매매계약을 했습니다. 계약금과 중도금까지 지불했습니다. 그런데 집을 판 사람이 집을 너무 싸게 팔았다고 주장하면서 해약해 줄 것을 요구했습니다. 그래서 손해 배상금과 함께 이미 지불한 계약금과 중도금을 돌려받기로 했습니다. 그런데 중개업자가 소개료를 달라고 요구하고 있습니다. 매매 계약이 중도에 깨진 경우에도 소개료를 주어야 하는 건가요?

1. "계약금과 중도금까지 주고받은 상태라면……."

2. "소개료는 매매가 완전히 이루어질 때 마지막에 주는 것으로 알고 있는데……."

3. "부동산소개소가 없다면 아무것도 할 수 없잖아요."

---

2 알맞은 단어를 골라 알맞은 형태로 써 넣으십시오.

> | 검토 | 보상 | 작성 | 합의 |
> | --- | --- | --- | --- |
>
> 까다롭다   분명하다   애매하다   손해를 보다   책임을 지다

1. 김○○ 선수는 계약금 5천만 원, 연봉 2억 원의 계약에 _____했다.

2. 좋으면 좋다, 싫으면 싫다고 하세요. 그렇게 _____ 태도로 있지 말고요.

3. 수입한 물건이 잘 팔리지 않아서 5천만 원 정도 _____았/었/였습니다.

4. 지난번 사업계획서는 문제가 좀 있는 것 같아요. 좀 더 _____해 봅시다.

5. 지진이나 홍수 피해는 _____받을 수 있나요?

6. 자기가 한 말이나 행동에 대해서 _____는 것은 쉬운 일이 아닙니다.

7. 중요한 계약을 할 때는 표현을 _____게 하는 것이 좋습니다. 안 그러면 나중에 문제가 생길 수 있습니다.

8. 우리 아버지는 식성이 _____ 어머니가 신경을 많이 쓰세요.

~ 던데요.

3 맞는 것을 고르십시오.

1. 제가 찾아가니까 부모님이 (반가워하시던데요. / 반가워하셨던데요.)

2. 청소하는 걸 도와주려고 갔었어요. 그런데 벌써 다 (끝나던데요. / 끝났던데요.)

3. 제가 갔을 땐 그렇게 덥지 (않던데요. / 않았던데요.)

4. 콘서드에 깄었는데 빈자리가 (없던데요. / 없었던데요.)

5. 진주 씨가 영어로 말하는 걸 들었는데 (잘하던데요. / 잘했던데요.)

④ 대답을 쓰십시오.

1. 가 : 그 배우를 직접 만나 보니까 어때요?

   나 : _____

2. 가 : 수범 씨 갔어요? 자리에 없네요.

   나 : 아까 _____

3. 가 : 선생님이랑 같이 노래방에 갔다면서요? 선생님 노래 잘하세요?

   나 : _____

4. 가 : 어제 쇼핑했죠? 사려고 했던 물건을 샀어요?

   나 : _____

5. 가 : '닭갈비' 먹어 봤어요? 맵지 않아요?

   나 : 별로 _____

6. 가 : 어제 모임에 강 선배 왔지요?

   나 : 아니요, _____

～(으)ㄴ / 는데도

⑤

1. 날마다 연습을 하는데도 _____

2. 지금 점심시간이 아닌데도 이 식당은 _____

3. 값이 _____ 잘 팔려요.

4. _____ 요즘 이상하게 살이 찌는 것 같아요.

5. 가 : 옷을 많이 안 입었어요? 추워하시네요.

   나 : _____

6. 가 : 계속 하품을 하시네요. 어제 잘 못 잤어요?

　　나 : _____

~(으)면 ~(으)ㄹ수록

1. 골동품은 _____ 값이 비쌉니다.

2. 제 애인은 진짜 멋있어요. _____ 그래요.

3. 한국말은 정말 어려워요. _____ 어려운 것 같아요.

4. 이 차는 뭔가 깊은 맛이 있어요. _____

5. 가 : 사회가 발전하면 모든 문제가 없어지나요?

　　나 : _____

6. 가 : 아이들이 컸으니까 부모님 말을 잘 듣겠네요.

　　나 : _____

① **틀린 것을 맞게 고치십시오.**

1. 이 물건은 중요한 거니까 잘 가지고 두세요.

2. 제 남동생이 군대에 갔는데 잘 지내지 않는지 모르겠어요.

3. 아침에 일찍 일어났는데 친구한테 전화가 오느라고 밥을 못 먹었어요.

4. 사람들 표정을 보니 강의가 별로 재미없은가 봐요.

5. 어제 '보아' 콘서트에 갔었어요. 멋있었던데요. 그래서 저는 사진을 많이 찍었던데요.

6. 4급은 3급을 비해서 단어가 어려운 거 같아요.

② **알맞은 부사를 고르십시오.**

> 원래   점점   역시   절대로   오히려   꼭

1. 새 직장이요? 처음엔 힘들었지만 시간이 지나면서 (   ) 적응이 됐어요.

2. 찬호 씨는 (   ) 부산 사람인데 대전에서 오래 살았대요.

3. 제 말대로 해 보세요. (   ) 실패하지 않을 거예요.

4. 선생님은 이게 좋으세요? 저는 (   ) 이게 나은 것 같은데.

5. 제가 써 보니까 값이 비싼 물건이 (   ) 품질도 좋아요.

③ 아래의 연결 어미를 사용하여 두 문장을 연결하십시오.

> ~(이)라/(느)ㄴ다니   ~느라고   ~(으)ㄴ/는 반면에
> ~(으)ㄴ/는데도   ~(으)ㄹ수록

1. 무슨 생각을 합니까? 두 번이나 불러도 못 들어요?
   → _____

2. 그 일을 생각합니다. 머리가 아파요.
   → _____

3. 나를 그 정도밖에 생각하지 않습니까? 섭섭하네요.
   → _____

4. 형은 말이 없고 생각이 깊어요. 동생은 활발해요.
   → _____

5. 한 시간이나 생각했어요. 정답을 모르겠어요.
   → _____

④ 알맞은 것을 모두 고르십시오.

1. 미라 씨는 어렸을 때 시골에서 (자랐대요. / 자라던데요. / 자랐나 봐요.)

2. 그 쇼핑센터가 다음 달에 문을 (닫을 거래요. / 닫는다고요? / 닫을 거라던데요. / 닫은걸요.)

3. 지난번에 주신 서류를 어딘가 넣어 (두었는데 / 놓았는데 / 가졌는데 / 있는데)…….

4. 급한 일 (하느라고 / 생기느라고 / 때문에 / 있느라고) 연락도 못했어요.

5. 가 : 도와주셔서 정말 감사해요.
   나 : (감사하기는요. / 제가 감사한걸요. / 제가 감사하지요.)

06

~고말고요.
~(으)ㄹ까 하다
~아/어/여 있다

① 맞는 단어를 골라 쓰십시오.

| 공과금 | 납부 | 연체 | 적금 | 청구서 |

1. 세금이나 공과금 등을 냄 ( )

2. 공과금이나 요금 등을 내야 하는 기간을 넘김 ( )

3. 전기료, 수도 요금, 재산세, 종합 소득세 같은 것 ( )

4. 돈이나 물건을 달라고 요구하는 내용을 적은 문서 ( )

5. 일정한 기간마다 일정한 금액을 저금하는 것 ( )

② 다음을 보고 대답을 쓰십시오.

관리비 납부 고지서				
2006년 10월분 1004동 102호 (33평)				
일반관리비	65,866	전기료	세대 전기료	44,560
청소비	5,120		공동 전기료	8,502
화재보험료	357	수도료	상수도	13,600
소독비	770		하수도	2,562
난방료	세대 난방	45,965	공동 수도료	202
	기본 난방	4,786	급탕(온수)	19,512
이번달납부액				211,802
연체료(5%)				10,590
납기후금액				222,392
납부기한일			2006년 11월 30일	

1. 내용과 맞으면 O, 틀리면 X표를 하십시오.

① 이번 달에 내야 할 금액은 모두 합해서 222,392원입니다. (　　)

② 10월 한 달에 대한 관리비 청구서입니다. (　　)

③ 이 청구서에는 가스 요금은 들어 있지 않습니다. (　　)

④ 11월 말까지 납부하지 않으면 연체료를 내야 합니다. (　　)

⑤ 온수 요금은 수도 요금에 포함되어 있습니다. (　　)

2. 위에서 '청구서'와 비슷한 의미의 단어를 찾아서 쓰세요.

_____

～ 고말고요.

③

1. 가 : 아들이 결혼해서 며느리가 들어오니까 기쁘시지요?

　　나 : _____

2. 가 : 지난번에 도와준 친구들 정말 고맙죠?

　　나 : _____

3. 가 : 영업부 회식에 제가 따라가도 될까요?

　　나 : _____

4. 가 : 한 번도 해 본 적이 없는데 별로 어렵지 않겠죠?

　　나 : _____

5. 가 : 아빠, 저 시험 100점 받았으니까 용돈 좀 올려 주실 거죠?

　　나 : _____

6. 가 : 이번 일은 제날짜에 꼭 해 주셔야 돼요.

　　나 : _____

4

1. 가 : 지금 사는 집이 불편하다면서요?

   나 : 네, 그래서＿＿＿＿＿＿＿＿＿＿＿＿＿＿＿＿＿

2. 가 : 한국에 계속 계실 거예요?

   나 : ＿＿＿＿＿＿＿＿＿＿＿＿＿＿＿＿＿＿＿

3. 가 : 이번 연휴는 어떻게 지낼 생각이세요?

   나 : ＿＿＿＿＿＿＿＿＿＿＿＿＿＿＿＿＿

4. 가(부동산) : 어떻게 오셨어요?

   나(손님) : ＿＿＿＿＿＿＿＿＿＿＿＿＿＿＿＿＿

5. 가 : 어제 저녁에는 밖에서 사 먹었어요?

   나 : ＿＿＿＿＿＿＿＿＿ 하다가 ＿＿＿＿＿＿＿＿＿＿＿

6. 가 : 김 대리한테 부탁한다고 하지 않았어요? 왜 직접 하셨어요?

   나 : ＿＿＿＿＿＿＿＿＿ 하다가 ＿＿＿＿＿＿＿＿＿＿＿

～아 / 어 / 여 있다

5 그림을 보고 〈보기〉와 같이 두 가지 문장을 만드십시오.

서랍을 열어 놓았습니다.   서랍이 열려 있습니다.

1. 방문을 _____   방문이 _____

2. 꽃병에 꽃을 _____   꽃병에 꽃이 _____

3. 벽에 그림을 _____   벽에 그림이 _____

4. 책상 위에 책을 _____   책상 위에 책이 _____

5. 바닥에 카펫을 _____   바닥에 카펫이 _____

6. 달력에 약속시간을 _____   달력에 약속 시간이_____

7. 금고를 _____   금고가 _____

8. 신문지를 _____   신문지가 _____

① **알맞은 단어를 골라서 쓰십시오.**

가입	담당자	제출	처리	피해

1. 이번 사고는 좀 복잡해서 _____하는 데 시간이 많이 걸릴 것 같습니다.

2. 전화로 예약하시려고요? _____를 바꿔 드릴 테니까 직접 문의하세요.

3. _____ 정도에 따라 받게 될 보험금 액수가 달라집니다.

4. 그 사이트에 들어가려면 회원 _____을 해야 한대요.

5. 이 책을 읽은 후에 독서 감상문을 _____하는 것이 과제입니다.

② **교통사고 뉴스입니다. 뉴스의 내용과 맞는 그림을 고르십시오.**

1. "어제 저녁 7시 마포구 공덕동 마포 경찰서 앞 도로에서 시청 방향으로 달리던 소나타 승용차와 마주 오던 트럭이 정면충돌하는 사고가 발생했습니다."
( )

2. "오늘 아침 경기도 고양 소방서 앞 교차로에서 좌회전하던 트럭이 신호를 지키지 않은 승용차와 부딪치는 사고가 났습니다." ( )

3. "어제 새벽 올림픽대로 잠실 방면 도로에서 과속으로 달리던 관광버스가 앞에 가던 승용차와 추돌하는 사고로 승용차 운전자와 버스 승객이 다치는 사고가 일어났습니다." ( )

①  ②  ③

3 〈보기〉와 같이 연결하여 문장을 만드십시오.

슈퍼마켓에서 김치를 사다 냉장고에서 우유를 꺼내다 서류를 복사하다 비디오를 빌리다 산에서 꽃을 따다 자판기에서 커피를 뽑다 친구한테서 강아지를 얻다 / 데리다	꽂다, 놓다, 마시다, 먹다, 보다, 주다(드리다), 키우다, 팔다, 쓰다

보기

　냉장고에서 우유를 꺼내다가 마셨어요.

1. _____

2. _____

3. _____

4. _____

5. _____

6. _____

4 〈보기〉와 같이 문장을 바꾸십시오.

보기

다리가 아파서 한 걸음도 못 걷겠어요.

→ 한 걸음도 못 걸을 정도로 다리가 아파요.

다리가 아프지만 걸을 수는 있어요.

→ 걷지 못할 정도로 다리가 아프지는 않아요.

1. 그 사람이 정말 싫어서 다시는 얼굴도 보고 싶지 않아요.

   → _____

2. 나리 씨는 무용을 잘해서 대회에 나가서 상을 받아요.

   → _____

3. 사람이 너무 많아서 서 있을 데도 없어요.

   → _____

4. 몸이 안 좋기는 한데 입원할 필요는 없을 것 같아요.

   → _____

5. 그 영화가 재미있었지만 두 번이나 보고 싶지는 않은데요.

   → _____

6. 좀 멀기는 하지만 차를 꼭 타야 하는 건 아니에요.

   → _____

~(으)ㄹ걸요.

5

1. 가 : 현아 씨, 이 그림을 다운 받아서 출력할 수 있나요?

   나 : _____

2. 가 : 음식 쓰레기를 일반 쓰레기와 같이 버려도 돼요?

   나 : _____

3. 가 : 이번 시험에서는 꼭 전 과목 100점 받을 거예요.

   나 : _____

4. 가 : 제가 팔씨름해서 이길 자신 있어요.

   나 : _____

5. 가 : 비자가 사흘 안에 나올까요?

   나 : _____

6. 가 : 벚꽃 축제 아직도 하겠죠?

   나 : _____

08

~말고도
~다면/(느)ㄴ다면
~(으)ㄹ 수밖에 없다

① 리밍 씨는 친구와 함께 '한국어 학원'에서 수업 상담을 하고 있습니다.
(   ) 안에 들어갈 단어를 골라서 쓰십시오.

수업료	등록	신청서	문의	마감

리밍 : 한국어 수업에 대해 (**1.**   ) 좀 하려고 하는데요,
　　　 이 친구는 한국말을 전혀 못하는데 들어갈 수 있는 반이 있나요?
직원 : 네, 기초반에서 들으시면 됩니다,
리밍 : 아, 그렇습니까? 언제까지 (**2.**   )해야 합니까?
직원 : (**3.**   )일은 이번 주 금요일입니다,
　　　 그때까지 (**4.**   )를 내 주시고,
　　　 여기 있는 (**5.**   )를 써서 제출해 주세요,
리밍 : 네, 알겠습니다,

② 외국어 학원의 강사 모집 광고입니다. 내용과 맞으면 O, 틀리면 X 표를 하십시오.

> **일본어/ 영어/ 중국어 강사 모집**
> • 모집 인원: O명
> • 제출 서류: 이력서 · 자기소개서
> • 서류 마감: 11월 15일 (방문 제출 및 우편 접수 가능)
> • 강의 경험자 우대
> 　　미래 외국어학원　　　　전화: 777-1515

1. 외국어를 가르쳐 본 경험이 없으면 지원할 수 없습니다. (   )

2. 이력서와 자기소개서를 학원에 직접 가져와도 됩니다. (   )

3. 서류, 필기시험, 면접으로 뽑습니다. (   )

4. 외국어를 가르칠 강사를 10명 이상 뽑으려고 합니다. (   )

5. 서류는 우송하면 됩니다. (   )

3 〈보기〉와 같이 대답을 쓰십시오.

> **보기**
>
> 가: 이 사장님은 집이 큰 걸 보니 굉장히 부자인가 봐요.
>
> 나: <u>그 집말고도 재산이 많아요.</u>

1. 가 : 은영 씨는 노래를 잘하는 것 같아요.

   나 : _____

2. 가 : 그 회사의 해외 지사가 뉴욕에만 있나요?

   나 : _____

3. 가 : 한국에서 유명한 관광지는 '제주도'인가요?

   나 : _____

4. 가 : 이 제품이 기존 제품보다 속도가 아주 빠르다고요?

   나 : _____

5. 가 : 이 재킷은 청바지에 잘 맞겠죠?

   나 : _____

4

1. _____ 무슨 일이든지 하겠어요.

2. _____ 얼마나 좋을까요?

3. _____ 남자(여자)로 태어나고 싶어요.

4. _____ 아무리 돈이 많이 들어도 수술을 해야지요.

5. _____ 이 세상 어디라도 따라가겠어요.

6. 내일 하루밖에 살 수 없다면 무엇을 하겠습니까?

_____

7. 길에서 현금 천만 원을 줍는다면 어떻게 하시겠습니까?

_____

~(으)ㄹ 수밖에 없다

5 〈보기〉와 같이 문장을 바꾸십시오.

> **보기**
>
> 지금처럼 해야 합니다.
>
> → <u>지금처럼 할 수밖에 없습니다.</u>

1. 한국말을 못 알아들을 때는 영어를 써야 합니다.

→ _____

2. 그 사람한테는 미안한 일이지만 거짓말을 해야 합니다.

→ _____

3. 지금 같은 상황에서는 이 방법을 써야 합니다.

→ _____

4. 그때는 그 사람의 말을 믿어야 했어요.

→ _____

5. 가 : 여자 친구한테는 사실대로 말하지 말라고 했잖아요.

나 : 하지만 _____

6. 가 : 수술하지 않고 치료할 수 있는 방법은 없나요?

나 : _____

① 다음 글을 읽고 대답을 쓰십시오.

산사 체험 프로그램, '템플스테이'에 다녀와서

자연 환경과 전통 문화가 함께 있는 산사에서 일상생활을 체험하면서 마음의 휴식을 취하고 전통문화를 느낄 수 있는 문화프로그램인 템플스테이를 아십니까? 지난 주말 공주에 있는 '마곡사' 템플스테이 프로그램에 참가했습니다. 2박3일간 느꼈던 그곳의 향기가 앞으로도 오랫동안 (가)_____ 있을 것 같습니다.

복잡한 세상, 하루 종일 바쁘게 움직이는 생활에서부터 잠시 멀어지고 싶은 마음은 누구든지 있을 겁니다. 그래서 그런지 템플스테이 참가자들의 대부분은 '쉬고 싶어서' 왔다고 말합니다. 저도 예외가 아닙니다.

새벽 4시 반 종소리와 함께 일어나 새벽 숲길을 맨발로 걷고, 차 한 잔을 마시는 것만으로도 마음이 편안해집니다. 휴대 전화와 담배는 금지입니다. 절에서 지켜야 할 기본 예절과 걸음걸이, 밥 먹는 법, 절하는 법, 말하지 않기 등 모든 것이 보통 때의 생활과는 전혀 다릅니다. 하지만 아주 힘들거나 특별한 것은 아니기 때문에 부담을 가질 필요는 없습니다. 여행 가는 기분으로 가볍게 참여해서 자연스럽게 배우면 됩니다.

(나)_____이었지만 경쟁과 긴장 속의 나를 잊는 시간, 마음을 비우고 나를 돌아보는 시간이 되었던 것 같습니다. 어디서도 취할 수 없었던 소중한 휴식은 다시 일상으로 돌아온 지금 제게 큰 힘이 됩니다.

1. (가)에 들어갈 단어로 맞는 것은 무엇입니까?

① 남겨서　　　② 남고　　　③ 남기어　　　④ 남아

2. '절'과 같은 의미로 쓰인 단어를 찾아 쓰십시오.

_____

3. '템플스테이'가 어떤 것인지 위에서 찾아 쓰십시오.

_____

4. 절에서 생활할 때 새롭게 배워야 하는 것은 어떤 것들입니까?

_____

5. 이 사람은 어떤 점이 좋았다고 합니까?

_____

6. (나)에 들어갈 말로 적당하지 <u>않은</u> 것은 무엇입니까?

① 짧은 시간　　② 잠깐 기간만　　③ 잠시 동안　　④ 얼마 안 되는 기간

～에 의하면

2

1. 가 : 작년 경제성장률이 얼마였는지 아세요? (정부 발표)

나 : _____

2. 가 : 앞으로 주가가 어떻게 될 것 같습니까? (전문가 말)

나 : _____

3. 가 : 두 사람이 가까운 사이라면서요? (친구들 말)

나 : _____

4. 가 : 이번 선거에서 여당과 야당 후보 중 누가 당선될까요?(여론조사)

나 : _____

5. 가 : 비행기 사고의 원인이 뭐래요?

나 : _____

6. 가 : 의사가 뭐래요? 이 병을 고칠 수 있대요?

나 : _____

~(으)ㄴ 지 ~ 만에

1. 101층짜리 빌딩을 짓기 시작한 지 _____ 완공되었대요.

2. 우리 집 개가 집을 나갔었는데 _____

3. 그 사람이 납치된 지 _____

4. 그 가게는 _____ 문을 닫았습니다.

5. 가 : 선배 어머니가 암 수술하셨는데 돌아가셨어요.

   나 : 수술한 지 _____?

6. 가 : _____?

   나 : 만난 지 3개월 만에 결혼했어요.

~아/어/여 버리다

④ 다음의 동사 중 하나를 이용하여 〈보기〉와 같이 문장을 만드십시오.

> 치우다, 주다, 없애다, 나가다, 녹다, 깨지다,
> 고장 나다, (불에) 타다, 집어넣다, 먹다, 날아가다

보기

방이 좁아서 방에 있던 큰 소파를 **치워 버렸어요.**

1. _____

2. _____

3. _____

4. _____

5. _____

6. _____

~(으)ㄹ까 ~(으)ㄹ까
~(으)ㄹ 만하다
아무 ~도

① 맞는 것끼리 서로 연결하십시오.

1.　　　　　**2.**　　　　　**3.**　　　　　**4.**

① 장구춤　　② 탈춤　　③ 부채춤　　④ 풍물놀이

② 다음 글을 읽고 대답을 쓰십시오.

> 사물놀이는 북, 장구, 징, 꽹과리 네 가지 민속 타악기를 두드리면서 연주하는 음악이다. 원래 농촌에서 즐기던 풍물놀이를 무대 위로 옮겨 놓은 것이다. 1978년 김덕수 사물놀이패가 무대에서 첫 공연을 한 후 대중적으로 인기를 끌면서 한국의 대표적인 전통 민속 공연으로 자리 잡았다.
>
> 꽹과리는 하늘의 천둥소리를, 징은 바람, 장구는 비, 북은 구름의 모습을 소리로 나타낸다. 하늘을 울리고 땅을 울리어 보는 이들을 하나로 만든다는 사물놀이의 리듬은 한국의 에너지를 표현한다는 평가를 받고 있다.

1. 위 글에서 '치다', '때리다'와 비슷한 의미의 동사를 찾아 쓰십시오.

_____

2. 사물놀이의 네 가지 악기는 무엇 무엇입니까?

 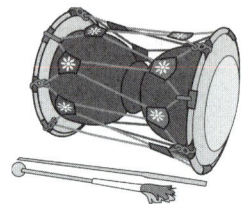 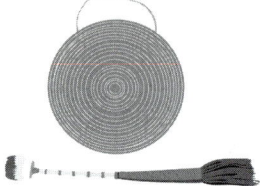 

_____   _____   _____   _____

3. 위 글의 내용과 관계없는 것은 무엇입니까?

① 사물놀이는 한국의 에너지를 표현한다는 평을 듣는다.

② 사물놀이는 무대에서 하는 공연이다.

③ 사물놀이는 풍물놀이로 발전할 것이다.

④ 사물놀이의 악기는 자연 현상의 소리와 모습을 표현한다.

~(으)ㄹ까 ~(으)ㄹ까

1. 2주 후에 비자 기간이 끝나는데 _____ 생각 중이에요.

2. 학교를 졸업하고 _____

3. _____ 망설이다가 샀는데 어때요?

4. 가 : 밥 먹고 영화 볼 거예요? 아니면 영화부터 볼 거예요?

　　나 : _____

5. 가 : 회사를 그만두실 거예요?

　　나 : _____

6. 가 : 신혼여행은 어디 가기로 했어요?

　　나 : _____ 하다가 _____

~(으)ㄹ 만하다

1. 야채 전문 뷔페 식당에 갔었는데 별로 _____ 음식이 없었어요.

2. 그 책은 아이를 키우는 부모라면 한번 _____

3. _____은/는 경복궁, 인사동, 서울타워 같은 곳이죠.

4. 가 : 요 앞 가게가 폐업 세일 한다고 해서 갔다 오는 길이에요.

   나 : _____?

   가 : 아니요, 별로 _____

5. 가 : 20만 원이나 주고 발레 공연에 가셨다면서요? 어땠어요?

   나 : _____

6. 가 : _____?

   나 : 글쎄요, 어떤 영화 좋아하시는데요?

아무 ~ 도

1. 오늘은 피곤해서 _____ 가고 싶지 않아요.

2. 다른 사람이 알면 안 되니까 _____ 말하지 마세요.

3. 전화를 안 받는 걸 보니까 사무실에 _____ 없나 봐요.

4. 내일 병원에서 위 내시경 검사해야 되니까 _____ 먹으면 안 돼요.

5. 가 : 표정이 왜 그래요? 무슨 일 있었어요?

   나 : _____

6. 가 : 선생님이 시험에 대해서 무슨 말씀 하셨어요?

   나 : _____

7. 가 : 승준이한테서 무슨 연락이 있었어요?

   나 : _____

8. 가 : 방학 때 어떻게 지낼지 계획 세웠어요?

   나 : _____

① 틀린 것을 맞게 고치십시오.

1. 어제 비디오 가게에서 한국영화를 빌리다가 봤어요.

2. 10년만 어려질 수 있는다면 얼마나 좋을까?

3. 수술했는 지 사흘 만에 퇴원했는데요.

4. 5년이나 키우던 개가 집을 나가서 버렸어요. 찾아야 하는데.

5. 방문이 열어 있는데요 좀 닫혀 주세요.

6. 기쁘냐고요? 그럼요, 기쁘지 말고요. 얼마나 좋은데요.

7. 그분 말에 의해서 그 병은 유전이 아니라고 하던데요.

② 알맞은 부사를 고르십시오.

> 거의   아무래도   여간   이미   일단   일부러

1. 어젯밤 (   ) 12시가 다 된 시간에 전화가 왔었어요.

2. 제 동생은 학생인데 (   ) 구두쇠가 아니에요.

3. 가: 지난번 일은 정말 죄송하게 됐습니다. 정말 죄송해요.

   나: 괜찮아요. 그것 때문에 (   ) 전화하신 거예요?

4. 가 : 같이 갈 수 있겠어요?

   나 : 오늘 약속을 취소하고 같이 갈까 했는데 (   ) 못 가겠어요.

5. 가 : 지난번 그거 말이에요.

   나 : (   ) 지나간 일인데 다시 얘기하지 말아요.

6. 가 : 저 없는 사이에 도둑이 들었었나 봐요. 너무 무서운데 어떻게 해요?

   나 : (   ) 경찰에 신고부터 하세요.

③ '생기다', '나다', '나오다' 중에서 하나를 알맞은 형태로 쓰십시오.

1. 골목 입구에 편의점이 (   ) 참 편해요.

2. 얼굴에 뭐가 (   ) 약을 발랐어요.

3. 5월인데 시장에 벌써 수박이 (   ).

4. 문제가 좀 (   ) 계획을 변경해야 할 것 같아요.

5. 앞으로 여유가 (   ) 다른 사람을 돕는 일을 할 거예요.

6. 어제 이 앞에서 (   ) 교통사고 기사가 신문에 (   ).

4 단어의 의미가 알맞은 것과 연결하십시오.

1. 놓치다 •   • ① 잘못한 일에 대해 이리저리 돌려 말하는 것

2. 망설이다 •   • ② 일을 곧 하지 않고 나중으로 넘기다

3. 미루다 •   • ③ 잡고 있던 것을 떨어뜨리다
                               잡으려고 하던 것을 잡지 못하다

4. 염려 •   • ④ 이리저리 생각만 하고 결정하지 못하다

5. 핑계 •   • ⑤ 앞일에 대하여 여러 가지로 걱정함

5 다음 유형을 사용하여 두 문장을 연결하십시오.

> ~(으)ㄹ 만한   ~아/어/여다가   ~(으)ㄹ 정도로
>
> ~(이)라면/다면/(느)ㄴ다면   ~(으)ㄹ까   ~(으)ㄴ 지

1. 길에서 종이나 병을 줍습니다. 팔아서 돈을 벌어요.

→ _____

2. 병아리를 사 왔어요. 이틀 만에 죽어 버렸어요.

→ _____

3. 대학생들이 합니다. 아르바이트가 많지 않아요.

→ _____

4. 사랑하는 사람과 같이 있을 수 있어요. 힘든 건 참을 수 있어요.

→ _____

5. 사정이 있어서 못 간다고 밀합니다. 하고 있어요.

→ _____

6. 한 번 보거나 들은 건 잊어버리지 않아요. 기억력이 좋아요.

1 가장 많이 불리는 아리랑인 '경기 아리랑'의 가사입니다.
여러분 나라의 대표적인 민요 가사를 한국말로 간단히 옮겨 보세요.

> 아리랑 아리랑 아라리요
> 아리랑 고개를 넘어간다
> 나를 버리고 가시는 님은
> 십리도 못 가서 발병 난다

2 아래의 단어를 이용하여 '노래를 잘 부르려면?'이라는 제목의 글을 쓰십시오.

> 목소리   음정   박자   감정
> 리듬을 타다   고음   저음   멜로디   가사

~(으)ㄹ 따름이에요.

1. 가 : 전국 투어 공연이 끝났는데 다음 계획은 뭐예요? (얼마간 쉬고 싶다)

   나 : _____

2. 가 : 모든 일정이 취소됐다는 연락 받으셨죠? 화나시겠어요. (당황스럽다)

   나 : _____

3. 가 : 자식들을 다 훌륭하게 키우셨으니 참 좋으시겠어요. (감사하다)

   나 : _____

4. 가 : 특별한 절약 방법이 있어요? 어떻게 그만큼 저축을 해요?
       (그저 낭비를 하지 않다)

   나 : _____

5. 가 : 사직서를 내는 이유가 뭐예요?

   나 : _____

6. 가 : 이번 일은 김 과장이 책임을 져야 합니다. (위에서 시키는 대로 했다)

   나(김 과장) : _____

~ 못지않다 (못지않아요 / 못지않게)

1. 가 : 남자들이 여자들보다 집안일을 더 잘한다고요?

   나 : 남자들도 _____

2. 가 : 어머니 자랑 좀 해 보세요.

   나 : 우리 어머니는 _____

3. 가 : 아무리 잘해도 중학생인데 대학생들과 시합할 수 있을까요?

　　나 : _____

4. 가 : 대기업도 아닌 그 회사를 선택한 이유가 있습니까?

　　나 : _____

5. 가 : 형이 개구쟁이라서 엄마가 힘들겠어요. 동생은 얌전해요?

　　나 : 아니요, _____

6. 가 : 새로 온 매니저는 저번 매니저보다 까다롭지 않지요?

　　나 : 아니요, _____

~(으)ㄴ / 는 척하다

5

1. 옛날에 사귀었던 여자 친구가 지나가는데 _____

2. 한국말 설명을 잘 못 알아들었지만 그냥 _____

3. 어제 친구가 해 준 음식이 별로 맛없었지만 _____

4. 가 : 아까 진짜로 화가 났던 거예요?

　　나 : 아니요, _____

5. 가 : 부인이 듣기 싫은 소리를 계속할 때 어떻게 하세요?

　　나 : _____

6. 가 : 미팅에서 파트너가 마음에 안 들면 어떻게 하세요?

　　나 : _____

1 맞는 것끼리 서로 연결하십시오.

1. 명암 •   • ① 평평한 느낌을 주는 것

2. 원근법 •   • ② 밝음과 어두움, 색의 진하고 옅음

3. 입체적 •   • ③ 삼차원의 공간에 놓인 물체의 느낌을 주는 것

4. 평면적 •   • ④ 회화에서 멀고 가까운 것을 나타내는 기법

5.    6.    7.

⑤ 초상화   ⑥ 정물화   ⑦ 풍경화

2 다음 글을 읽고 대답을 쓰십시오.

미술 작품에 특별한 관심이 있는 사람이 아니라면 사실 미술관 관람은 가끔 한 번씩 있는 일이다. 우연히 전시회 표라도 생기거나 오랜만에 마음먹고 미술관에 가게 되는 경우 여기저기 돌아보고 나면 다리는 아프고 어떤 그림이 있었는지 기억이 안 난다. 미술관을 나올 때 감동을 느끼기란 쉽지 않다. 그럼 어떻게 해야 할까?

먼저 전시실이나 안내소에 준비된 안내문을 읽어 보자. 그리고 안내 화살표에 따라 천천히 전체적으로 돌아보면서 (가)_____한다. 모든 작품을 잘 보겠다는 생각보다는 전체적으로 돌아본 후 관심 있는 작품이나 뭔가 끌리는 작품을 집중적으로 살펴보는 것도 좋은 방법이다. 억지로 작품을 이해하려고 하지 말고 편안하게 작품과 대화하는 기분으로 (가)_____한다. 작품 이름, 작가 등을 참고한다면 좀 더 기억에 남을 수 있을 것이다. 왠지 내 발이 멈추어 자꾸 보게 되는 그림이 있다면 잠시 그대로 (가)_____해 보자.

1. 위 글에 적당한 제목을 붙여 보십시오.

_____

2. (가)에 들어갈 알맞은 단어는 무엇일까요?

① 관리   ② 감상   ③ 검사   ④ 상상

3. 위 글의 내용과 맞으면 O, 틀리면 X 표를 하십시오.

① 미술 작품에 관심이 없어도 자주 미술관에 가면 감동을 받는다. (　)

② 작가나 작품에 대해서 모르는 것이 작품 감상에 더 좋다. (　)

③ 보통 사람이라면 미술관 관람은 가끔 하게 된다. (　)

④ 모든 작품을 잘 보려고 할 필요는 없다. (　)

~ 같은

3

1. 가 : 옛날에 주로 어디에서 데이트하셨어요?

나 : _____

2. 가 : 버섯은 무슨 요리에 사용되나요?

나 : _____

3. 가 : 문과 대학에 들어가면 어떤 것을 공부하나요?

나 : _____

4. 가 : 소화가 안 돼서 밥은 못 먹겠는데…….

나 : _____

5. 가 : '전문직'이란 어떤 직업을 말하는 거예요?

나 : _____

6. 가 : 한국에 처음 오는 관광객들은 보통 어디에 가나요?

나 : _____

1. 수현 씨가 말도 안 하고 웃지도 않아서 _____

2. 요즘 전화도 안 받고, 얼굴 보기가 힘드네요. _____

3. 교실에 사람이 있었는데 _____ 밖에서 현관문을 잠갔어요.

4. 아직 다 안 먹은 거예요? _____ 치워 버렸는데.

5. 가 : 음식을 왜 이렇게 많이 했어요? 3명밖에 안 오는데.

   나 : 그래요? _____

6. 가 : 옆집 형제는 정말 똑같이 생겼던데요. 체격도 비슷하고.

   나 : 저도 처음엔 _____

1. 가 : 일 언제 끝나요? 곧 끝나지요?

   나 : _____

2. 가 : 영선 씨는 어머니 솜씨 못지않은 것 같네요.

   나 : _____

3. 가 : 배고픈데 얼마나 기다려야 돼요? 빨리 밥 주세요.

   나 : _____

4. 가 : 이 선배는 군대에 간 지 얼마나 됐죠? 보고 싶다.

   나 : _____

5. 가 : 여보, 우리 적금 타면 그 돈으로 뭐부터 할까?

   나 : _____

6. 가 : 지금 이 씨를 심으면 언제쯤 꽃이 펴요?

   나 : _____

① 다음 그림을 참고하여 한국의 설날 풍습에 대해 써 보세요.

_____

_____

_____

_____

_____

② 여러분 나라의 설날 풍습은 어떻습니까? 써 봅시다.

_____

_____

3

1. 가 : 앞에 나와서 한국말로 발표해 보세요.

   나 : _____ 예쁘게 봐 주세요.

2. 가 : 지난번처럼 늦으면 안 돼요.

   나 : _____ 먼저 가시지 말고 기다려 주세요.

3. 가 : 시험 결과가 좋아야 할 텐데 걱정입니다.

   나 : 결과가 안 좋더라도 _____

4. 가 : 회사 생활 잘할 테니까 걱정 마세요.

   나 : 회사 생활이 좀 힘들더라도 _____

5. 가 : 수술했으면 살 수도 있었을 텐데…….

   나 : 수술했더라도 _____

6. 가 : 내가 잘해 주지 않아서 그 사람이 떠난 거 같아요.

   나 : _____ 떠났을 거예요.

7. 가 : 대학에 갈 것도 아닌데 공부를 열심히 해야 하나요?

   나 : _____

8. 가 : 내가 잘못한 게 없으니까 사과하고 싶지 않아요.

   나 : _____

반말

4 밑줄 친 부분을 반말로 바꾸십시오.

미카: 수혁씨, 어제는 어디 갔었어요? 학교에 왜 안 온 거예요?

　　　 1. 　　　　　　　 **2.** 　　　　　　　 **3.**

선생님하고 같이 점심 먹기로 <u>했잖아요</u>?
4.

수혁: 아, <u>어제요</u>? 수업 있는 걸 완전히 <u>잊어버렸어요</u>, 건망증이 <u>있나 봐요</u>,
5.   6.   7.

미카: 어떻게 수업이 있는 걸 <u>잊어버립니까</u>? 말도 안 <u>돼요</u>,
                        8.   9.

수혁: 글쎄 <u>말이에요</u>, 이제부터 수첩에 적어 <u>놓아야겠어요</u>,
      10.   11.

아무튼 오늘 <u>제가</u> 점심 살 테니 너무 그러지 <u>마세요</u>,
           12.   13.

미카: <u>전</u> 괜찮은데 선생님<u>한테</u> <u>미안하죠</u>,
  14.   15.

선생님한테 전화라도 해 <u>드리세요</u>,
                16.

수혁: 네, <u>알겠습니다</u>, 그러지 말고 지금 연락해서 이따가 다 같이 <u>만납시다</u>,
 17.   18.   19.

미카: 오늘 약속 해 놓고 또 잊어버리는 거 <u>아니에요</u>?
                      20.

<u>수혁 씨</u>를 믿을 수가 <u>없는데요</u>,
 21.   22.

수혁: 아 정말, 왜 <u>그러십니까</u>? 그만 <u>놀리세요</u>,
         23.   24.

5시까지 학교 앞으로 <u>나오세요</u>, 이따가 <u>봅시다</u>,
         25.   26.

미카: 네, <u>안녕히 가세요</u>,
 27.   28.

① 다음 글을 읽고 대답을 쓰십시오.

> 8월 한가위라고도 불리는 추석은 설날과 함께 가장 큰 명절이다. 추석 때가 되면 바쁘던 농사일도 거의 끝나고, 남쪽에서는 햅쌀과 햇과일을 먹을 수 있다. 높고 맑은 하늘과 함께 덥지도 춥지도 않아서 모든 사람이 넉넉하게 풍년을 즐길 수 있다.
>
> 고향을 떠나 있던 식구들도 다 고향에 모인다. 햅쌀로 떡과 술을 빚어 온 식구가 조상께 감사하는 차례를 지내고 성묘를 한다. 무엇보다 풍성하고 다양한 음식을 먹을 수 있는 때이다. 아무리 가난한 사람도 송편을 빚어 나눠 먹었다고 해서 '더도 말고 덜도 말고 한가위만 같아라.' 라는 속담도 생겼다. 한국의 명절 추석은 즐겁고 신나는 <u>날인 동시에</u> 그런 즐거움을 얻은 것에 대해 감사하는 날이기도 하다.
>
> 추석날 민속놀이로 남자들은 (가)_____, 여자들은 (나)_____를 한다. 저녁에는 식구들이 둥근 (다)_____을 보면서 이야기하고 소원을 빈다. 지방에 따라 강강술래를 부르면서 춤을 추기도 한다.

1. 위 글에서 '그 해에 새로 추수한 쌀, 과일'을 뜻하는 단어를 찾아 쓰십시오.

_____, _____

2. 밑줄 친 부분과 가장 비슷한 의미의 표현은 무엇입니까?

① 날말고도   ② 날이라고   ③ 날일 뿐만 아니라   ④ 날이더라도

3. 위 글의 (   )에 들어갈 단어를 아래 그림에서 골라 쓰십시오.

(가) (   )   (나) (   )   (다) (   )

보름달

씨름

강강술래

널뛰기

2

1. 다음 주부터 시험이니까 _____도록 하세요.

2. 돈을 _____도록 잘 보관하세요.

3. 집을 비우고 여행을 떠날 때는 _____ 문을 잘 잠그고 가세요.

4. 가 : 의사선생님, 술 담배가 저한테 그렇게 해로운가요?

   나 : _____

5. 가 : 부장님, 불우 이웃 돕기 성금은 얼마씩 내야 해요?

   나 : _____

6. 가 : 지난달에 비해서 판매량이 많이 줄었는데요.

   나 : _____

7. 가 : 저 때문에 이런 사고가 생겼습니다. 죄송합니다.

   나 : _____

8. 가 : 친구한테 이 얘기를 하면 기분 나빠할 것 같은데…….

   나 : _____

9. 가 : 병원에 가서 엑스레이 찍었는데 감기가 심해져서 폐렴이 됐대요.

   나 : _____ 그냥 있었어요?

10. 가 : 어제 오후에 오기로 한 사람은 왔어요?

    나 : _____ 안 오던데요.

3 〈보기〉와 같이 그림을 보고, 알맞은 단어를 골라 문장을 만드십시오.

> 눈이 빠지다,   상다리가 부러지다,   배가 터지다,
>
> 손이 발이 되다,   목이 터지다,   코가 비뚤어지다

보기

상다리가 부러지도록 음식을 많이 차렸습니다.

1. _____ 빌었어요.

2. _____ 술을 마셨습니다.

3. _____ 기다렸어요.

4. _____ 응원했어요.

5. _____ 먹었습니다.

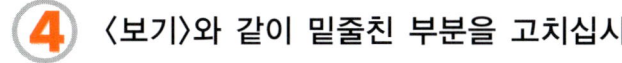

～(이)랍니다./ ᆸ니다./(느)ㄴ답니다.

4 〈보기〉와 같이 밑줄친 부분을 고치십시오.

> **보기**
>
> 여기가 우리 집에서 제일 조용한 <u>곳입니다</u>.
>
> 곳이랍니다

1. 저도 옛날에는 그저 평범한 <u>월급쟁이였습니다</u>.

2. 보기보다 그렇게 힘든 일은 <u>아닙니다</u>.

3. 결국 두 사람은 결혼해서 행복하게 <u>살았습니다</u>.

4. 한국 사람들은 아주 더울 때 뜨거운 삼계탕을 <u>먹습니다</u>.

5. 낮에는 공부하고 밤에는 아르바이트하면서 <u>생활합니다</u>.

6. 얌전해 보이지만 그렇게 얌전하지는 <u>않습니다</u>.

1 다음 내용을 읽고 대답을 쓰십시오.

> 대한민국의 남자, 그중에서도 5남매의 장남으로 살고 있는 50대 남자. 그 세대의 장남은 어릴 때부터 집안에서 특별한 대접을 받고 '가문의 얼굴'이라는 말을 들으면서 자랐다. 좋은 반찬이나 새 옷도 장남에게 먼저 주고, 아무리 집안 형편이 어려워도 장남만은 서울의 대학에 보내 공부를 시키는 게 보통이었다.
>
> 이런 특별한 대접을 받는 대신 가문의 미래를 (가)_____ 하는 장남의 어깨는 점점 무거워진다. 대학 졸업 후에는 자신의 꿈보다는 취직을 해서 빨리 돈을 벌어야 하고, 결혼 상대의 조건도 가족을 잘 (나)_____ 수 있는 여자가 첫째다. 결혼 후에는 돌아가신 아버지 대신 동생들 결혼식장에 서고 중요한 일이 있을 때마다 친척들에게 안부 전화를 한다. 식당을 미리 예약해서 가족 모임을 갖고 식사 후에는 다른 형제들보다 먼저 계산대로 달려가는 장남. 경제적으로 어려운 동생을 (나)_____ 것도 장남의 일. 일 년에 몇 번씩 돌아오는 제사나 명절도 장남 부부가 맡아서 해야 하는 일 중의 하나다.

1. (가)에 알맞은 말을 고르십시오.

① 부담이 돼야   ② 맡겨 주어야   ③ 책임져야   ④ 도와주어야

2. (나)에 공통적으로 들어갈 단어로 맞는 것을 고르십시오.

① 돌볼/돌보는 ② 찾아볼/찾아보는 ③ 돌아볼/돌아보는 ④ 알아볼/알아보는

3. 위 글에서 '마음의 부담이 커지다'와 같은 의미로 쓰인 말을 찾아 쓰십시오.

_____

4. 위 글을 읽고 여러분의 생각을 써 보십시오.

_____

_____

_____

2

1. 집에 전화를 해도 받지 않는 걸 보니 _____

2. 영화에 대한 네티즌들의 평이 좋은 걸 보니 _____

3. 한 시간이나 지났는데 오지 않는 걸 보니 _____

4. 가 : 수술 결과가 어떻대요?

   나 : 모레 퇴원하는 걸 보니까 _____ _____

5. 가 : 무역한다는 황 선배는 요즘 사업이 잘된대요?

   나 : _____

6. 가 : 성진이 지난주에 회사 시험 본 거 어떻게 됐는지 아세요?

   나 : _____

아무 ∼(이)나

3

1. 가 : 특별히 좋아하는 음식 있으면 말해 봐요. 해 줄 테니까.

   나 : _____

2. 가 : 내일 몇 시쯤 너희 집으로 갈까?

   나 : _____

3. 가 : 친구 결혼식 가는데 왜 그렇게 신경을 써요?

   나 : 그래도 결혼식인데 _____

4. 가 : 엄마, 이 카메라 왜 안 돼요? 이 동그란 거 누르는 거 맞죠?

   나 : _____

5. 가 : 나보다 나이가 어린 사람한테는 반말을 쓰는 거예요?

   나 : 아니요, _____

6. 가 : 물건을 어디에다 두었는지 생각이 안 나.

   나 : 자기 물건을 _____

7. 가 : 요즘 노래는 가사를 끝까지 아는 게 없는데…….

   나 : _____

8. 가(선생님) : 우리 교실에 있는 사람한테 질문을 하세요.

   나 : _____?

① 틀린 것을 알맞게 고치십시오.

1. 설렁탕처럼 음식은 뜨거울 때 먹어야 맛이 있어요.

2. 이제 시작인데 마치려면 아직도 멀어요.

3. 사촌 동생한테서 어제 저보고 메일이 왔어요.

4. 집에 갔었는데 아무나 없던데요.

5. 엄마가 깨우는데 그냥 자는 것을 척했어요.

6. 아무 나라는 그 나라의 문화와 전통이 있지요.

② 알맞은 부사를 고르십시오.

> 꽤   여간   꽉   더   덜   제대로

1. 조금만 시간을 ( ) 주시면 안 돼요? 아직 ( ) 했거든요.

2. 가 : 미키씨는 재주가 ( ) 많은 게 아니에요.

   나 : 그렇죠? 영어도 잘하고 불어도 ( ) 잘하던데…….

3. 소방차가 왔지만 건물에 연기가 ( ) 차서 구조를 할 수가 없었대요.

4. 가 : 아까 점심 먹지 않았어요?

   나 : 도중에 전화 받느라고 ( ) 못 먹었어요.

③ 비슷한 말끼리 서로 연결하십시오.

1. 점잖다   •   • ① 여유 있다, 충분하다

2. 넉넉하다   •   • ② 표현하다, 말하다

3. 평소에   •   • ③ 품위 있다, 무게 있다, 얌전하다

4. 빼다   •   • ④ 뽑다, 제외하다

5. 나타내다   •   • ⑤ 지나다, 초과하다

6. 넘다   •   • ⑥ 보통 때, 평상시

4 알맞은 유형을 이용하여 대답을 쓰십시오.

> ~(으)ㄹ 따름이다   ~(으)/는 척하다   ~(으)려면 멀었다
>
> ~(으)/는/(으)ㄹ 모양이다   ~(으)/는/(으)ㄹ 줄 알았다

1. 가 : 앞집은 한 달 동안 휴가 갔다가 왔대요.

　　나 : 그랬대요? 난 _____

2. 가 : 어떤 사람이 나를 좋아하는데 나는 그 사람이 싫을 때 어떻게 해요?

　　나 : _____

3. 가 : 이 옆 가게는 왜 오늘 문을 닫았는지 아세요?

　　나 : 아마 _____

4. 가 : 부장님한테 왜 이렇게 해야 하는지 물어보시지 그래요?

　　나 : _____

5. 가 : 엄마, 전 빨리 고등학교랑 대학교 졸업하고 돈 벌고 싶어요.

　　나 : _____

5 아래 단어에서 골라 대답을 쓰십시오.

> 형부   형수   이모   고모   외숙모   큰아버지   작은아버지

1. 형의 부인보고 뭐라고 부릅니까?

2. 아버지의 여동생보고 뭐라고 부릅니까?

3. 어머니의 여동생보고 뭐라고 부릅니까?

4. 언니의 남편보고 뭐라고 부릅니까?

5. 아버지의 형님보고 뭐라고 부릅니까?

① 다음은 세탁 주의 표시입니다. 의미를 설명하십시오.

1.
30℃

2.
약하게

3.

4.
옷걸이

5.
약40℃

6.
180~210℃

② 그림과 단어가 맞는 것끼리 서로 연결하세요.

1. 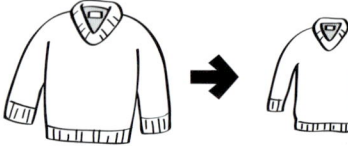   •   • ① 물이 빠지다

2. 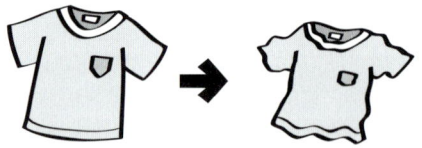   •   • ② 구겨지다

3. 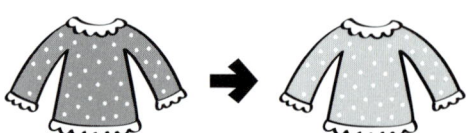   •   • ③ 물이 들다

4.    •   • ④ 줄어들다

3 맞는 것을 모두 고르십시오.

1. 가방을 바닥(에, 에서, 에다가) 놓고 의자(에, 에서, 에다가) 앉으세요.

2. 상추(에, 에서, 에다가) 고기를 놓고 싸서 먹어요.

3. 학교(에, 에다가) 전화하니까 벌서 집(에, 에다가) 갔다고 하던데요.

4. 책(에, 에다가, 에서) 낙서를 하면 안 돼요.

5. 옷(에, 에다가, 에서) 잉크가 묻어서 빨았어요.

6. 방(에, 에다가, 에서) 편지 봉투 봤어요? 아까 내가 책상 위(에, 에다가, 에서) 갖다가 놨는데.

7. 150(에, 에서, 에다가) 75를 더한 다음 그 수(에, 에서, 에다가) 19를 빼세요.

1. 미리 전화도 없이 손님을 데리고 온 남편에게 하는 말

   _____

2. 같이 가기로 약속해 놓고 혼자 가 버린 친구에게 하는 말

   _____

3. 다른 사람에게는 말하지 말라고 한 비밀을 말해 버린 친구에게 하는 말

   _____

4. 가 : 불고기 양념에 깜빡 잊고 마늘을 안 넣었는데 괜찮죠?

   나 : _____

5. 가 : 급하게 나오느라고 문을 안 잠그고 나온 것 같아요.

   나 : _____

6. 가 : 어른이 먹는 감기약인데 아이한테 먹였어요.

   나 : _____

1. _____ 수첩에 적어 놓았어요.

2. 내 마음을 고백하면 _____ 일부러 말 안했어요.

3. _____ 걱정했었는데 잘 적응하고 있어요.

4. 가 : 공연이 일주일이나 남았는데 벌써 가서 예약을 했어요?

   나 : _____

5. 가 : 자명종 시계를 두 개나 맞춰 놓았네요.

   나 : _____

6. 가 : 성적표를 엄마한테 왜 안 보여 줍니까?

   나 : _____

7. 가 : 삼겹살 맛있는데 왜 그만 먹어요?

   나 : _____

8. 가 : 합격하셨지요? 그럴 줄 알았어요.

   나 : _____

① 다음 글을 읽고 대답하십시오.

인터넷이 없는 생활은 상상하기 어렵다. 홈쇼핑이나 티켓 예매, 직장인의 일 처리는 물론이고 학생들의 과제물도 인터넷이 없으면 하기 어려울 정도다. 이렇게 우리 생활을 편하게 해 주는 인터넷이지만, 인터넷 때문에 실제 생활이 어렵게 되는 사람들이 생기고 있다. 온라인 게임이나 채팅에 (가)_____ 게임 중독, 채팅 중독 같은 것들이 그것이다.

하루도 (나)_____ 인터넷을 사용하거나 외출이 점점 줄어드는 사람, 모니터 앞에서 식사하기도 하고 이메일을 하루에도 몇 번씩 확인하는 사람, 가족이 없을 때 오히려 편안한 마음으로 인터넷에 접속하는 사람은 한 번쯤 인터넷 중독을 (다)_____ 보아야 한다.

특히 청소년들은 공부에 대한 심한 부담과 부모의 따뜻한 관심 부족 등 현실에 대한 불만 때문에 인터넷 중독이 되는 경우가 대부분이고 성격과 사회성 발달에서 문제가 생기기도 한다.

1. (가)에 들어갈 수 있는 말은 무엇일까요?

    ① 되는   ② 떨어지는   ③ 하게 되는   ④ 빠지는

2. (나)에 들어갈 말로 알맞은 것을 고르십시오.

    ① 틀림없이   ② 아니라   ③ 빠짐없이   ④ 말고도

3. (다)에 들어갈 말로 알맞은 것을 고르십시오.

    ① 의심해   ② 연결해   ③ 문의해   ④ 인정해

4. 위 글의 내용과 관계없는 것은 무엇입니까?

    ① 청소년 인터넷 중독의 원인

    ② 인터넷으로 할 수 있는 일

    ③ 인터넷 중독의 해결 방법

    ④ 인터넷 중독임을 알 수 있는 기준

② 알맞은 단어를 넣으십시오.

> 검색   삭제   저장   접속   첨부파일

1. 컴퓨터로 글을 쓸 때 자료가 날아가는 경우가 있는데 이를 막으려면

    도중에 한 번씩 _____ 키를 눌러야 합니다.

2. 이상한 이메일이 와 있으면 열어 보지 말고 바로 _____하세요.

3. 이동 전화 등을 이용해 인터넷에 _____하는 무선 인터넷을 아십니까?

4. 이메일 보낼 때 그 사진도 같이 _____로 보낼 테니까 열어 보세요.

5. 자료를 찾아야 할 것이 있으면 우선 인터넷에서 _____해 보세요.

~(으)ㄴ / 는 데다가

③

1. 원래 회사 일이 많다. 요 며칠 밀린 일까지 하느라고 병이 났다.

    → _____

2. 옛날부터 집이 부자이다. 사업을 해서 큰돈을 벌었대요.

    → _____

3. 눈이 왔다. 기온이 많이 떨어져서 길이 아주 미끄러워요.

    → _____

4. 월급이 올랐다. 특별 보너스까지 합치니까 꽤 많네요.

    → _____

5. 가 : 정은 씨는 요즘 기분이 안 좋은 것 같아요. 왜 그런지 아세요?

    나 : 원래 말이 많은 사람이 아닌 데다가 _____

6. 가 : 다나카 씨는 어떻게 그렇게 한국말을 잘할까요?

    나 : _____

7. 가 : 그 사람과 요즘 사이가 더 나빠진 이유가 뭐예요?

    나 : _____

~(으)ㄴ / 는 법이다

1. 부지런한 사람이 _____

2. 윗사람이 잘하면 _____

3. 상대방에게 친절하게 대하면 _____

4. 노력한 만큼 _____

5. 가 : 첫사랑을 잊을 수 있을까요?

    나 : _____

6. 가 : 어렸을 때는 말을 안 듣던 영균이가 철이 들었나 봐요.

    나 : _____

7. 가 : 힘든 일이 정말 많았었는데 이제는 행복하게 살아요.

    나 : _____

~ 덕분에 (~ 덕분이다)

1. 가 : 한국 유학 생활은 어때요?

    나 : _____

2. 가 : 귀국하는 친구가 살림살이를 다 주고 가서 좋겠네요.

    나 : _____

3. 가 : 수술비가 많이 들었을 텐데 어떻게 했어요?

    나 : _____

4. 가 : 요즘 하시는 일은 잘 되세요?

    나 : _____

5. 가 : 근처에 사는 친구가 매일 차로 태워다 줘요? 좋겠네요.

    나 : 네, _____

6. 가 : 어떻게 해서 세계적인 피아니스트가 될 수 있었습니까?

    나 : _____

① 아래에 있는 여러 가지 요금 제도를 읽고 각 사람에게 알맞은 것을 고르십시오.

우리끼리 요금	긴 통화 요금

*기본요금 18000원/월
*지정 번호 요금 할인
  6개 번호까지 10원/10초,
  지정 번호 이외 18원/10초
*한 달 무료 문자 100건
	*기본요금 14000원/월
	*통화 시간 3분 이내 18원/10초,
	  통화 시간 3분 이상 9원/10초
	*무료 통화 없음

스페셜 요금	표준 요금
*기본요금 12500원/월 *일요일 · 공휴일 · 심야(밤12:00- 06:00) 요금할인 9원/10초 *평상시 38원/10초 *무료 통화 10분/월	*기본요금 13000원/월 *18원/10초 *무료 통화 10분/월

1. "저는 고객들과 전화로 상담해야 하는 일을 합니다. 20분 이상씩 통화하는
   경우도 많아서 요금이 부담이 됩니다." (   )

2. "저는 주부니까 외출했을 때 잠깐씩 통화하는 것말고는 별로 안 써요."
   (   )

3. "저는 미국에 있는 가족이나 친구하고 주로 통화하는데 주말 밤 12시가
   지난 시간에 많이 해요." (   )

4. "저는 친구가 몇 명밖에 없는데 매일 통화하고 문자도 자주 보내요.
   문자가 더 빠르고 편하거든요." (   )

② 그림을 보고 대답을 쓰십시오.

1. 받지 못한 전화를 확인할 때 _____를 누릅니다.

2. 이전에 내가 걸었던 번호를 확인할 때 _____를 누릅니다.

3. 이전에 나한테 왔던 전화번호를 확인할 때 _____를 누릅니다.

4. 새로운 전화번호를 저장해 놓을 때 _____을 누릅니다.

1. 가 : 머리 스타일을 좀 바꿔 볼까 하는데 어떤 게 어울릴까요?

   나 : _____

2. 가 : 요즘 몸이 계속 안 좋아요. 체중도 줄고.

   나 : _____

3. 가 : 중고차 사려면 어디로 가야 하는지 아세요?

   나 : _____

4. 가 : 친구 어머니가 밥을 너무 많이 주셔서 먹느라고 고생했어요.

   나 : _____

5. 가 : 다 말해 버리고 싶었는데 참았어요.

   나 : _____

6. 가 : 어제 그 일을 다 하느라고 10시 넘어서 퇴근했어요.

   나 : _____

~ 말고는

4

1. 가 : 한국어말고 다른 외국어도 할 줄 아세요?

   나 : _____ 없어요.

2. 가 : 그 방법말고 다른 방법 좀 생각해 보시지 그래요?

   나 : _____

3. 가 : 한국에서 가 보신 데가 어디 어디예요?

   나 : _____ 없어요.

4. 가 : 이 집은 역에서 가까우니까 좋잖아요?

　　나 : 역에서 가까운 것_____

5. 가 : 소화가 잘 안되는 것말고 또 안 좋으신 데가 있어요?

　　나 : 아니요, _____

6. 가 : 아이가 순한가 봐요. 우는 소리가 안 들려요.

　　나 : 배고플 때_____

~ 다가

5

1. _____ 선생님한테 야단맞았어요.

2. _____ 병나면 어떻게 해요?

3. _____ 다치겠어요. 조심하세요.

4. 이불도 안 덮고 소파에서 자다가 _____

5. 살 빼려고 그렇게 밥 안 먹다가 _____

6. 머리 자르기만 하러 갔다가 _____

7. 분위기 띄우려고 농담했다가 _____

8. 가 : 그 사실을 어떻게 알게 됐어요?

　　나 : _____

9. 가 : 초등학교 동창을 어떻게 다시 만났어요?

　　나 : _____

10. 가 : 어쩌다가 교통 위반 딱지를 뗐어요?

　　나 : _____

① 자동차에 문제가 생겼을 때 어떻게 설명합니까? 알맞은 단어를 골라 적당한
형태로 바꾸어 쓰십시오.

경적	걸리다	꺼지다	들어오다	떨어지다
밟다	방향지시등	작동	전조등	흔들리다

1. 주유소에 들러서 기름 좀 넣고 가야겠어요. 기름이 _____.

2. 어제 앞차하고 부딪쳐서 _____이 조금 깨졌는데 그래도 불은 _____.

3. 좌회전이나 우회전을 할 때는 반드시 _____을 켜야 합니다.

4. 차가 막히거나 앞차가 좀 느리게 가면 금방 _____을 울리는 운전자가 있
어요.

5. 주행 도중에 시동이 _____거나 시동이 처음부터 안 _____ 경우가 있어요.

6. 비가 오는데 와이퍼가 _____ 안돼서 고생한 적이 있어요.

7. 제 차는 브레이크를 _____ 때 핸들이 좌우로 _____.

② 아래 설명과 맞는 단어를 고르십시오.

불법 주차	과속(속도 위반)	음주 운전	졸음운전	차선 위반

1. 좌회전을 하려면 1차선에서 해야 하는데 2차선에서 했어요. (   )

2. 맥주를 한 병 마시고 운전한 적이 있어요. (   )

3. 주차하면 안 되는 장소에 잠깐 동안 차를 세워 놓았어요. (   )

4. 제한 속도 100km인 도로에서 140km로 달린 적이 있어요. (   )

5. 밤에 긴 시간 운전해야 할 때는 잠이 올 때가 있어요. (   )

3 〈보기〉와 같이 밑줄 친 부분을 바꾸십시오.

어릴 때 명절에 친척들이 모이면 윷놀이를 <u>했습니다</u>. 요즘도 가끔 그 생각
보기 하곤 했습니다

이 나서 윷놀이를 <u>하지요</u>. 방학 때가 되면 외할머니 댁에 놀러 <u>갔어요</u>.
　　　　　　1. 　　　　　　　　　　　　　　　　　　**2.**

또 동생 데리고 냇가에 가서 물고기도 잡고 잠자리도 <u>잡았어요</u>. 고등학교
　　　　　　　　　　　　　　　　　　　3.

때는 클래식 노래를 자주 <u>들었지요</u>. 대학교 때는 가끔 당구를 <u>쳤는데</u>
　　　　　　　　　4. 　　　　　　　　　　　　　　**5.**

요즘은 통 안 쳐요. 요즘은 큰아들과 같이 가끔 볼링을 <u>칩니다</u>.
　　　　　　　　　　　　　　　　　　　　　6.

그리고 옛날에는 포장마차에 자주 <u>갔었어요</u>. 요즘도 소주 생각이 날
　　　　　　　　　　　7.

때마다 아내와 같이 <u>갑니다</u>.
　　　　8.

4 '~곤 하다'를 사용하여 여러분의 어린 시절과 지금의 이야기를 써 보십시오.

5 〈보기〉와 같이 그림을 보고 문장을 만드십시오.

전화요금 고지서

사용기간	요금
8/1~8/31	250,000 원

보기

웬 전화 요금이 이렇게 많이 나왔어요?

1. _____?

2. _____?

3. _____?

4. _____?

6 〈보기〉와 같이 문장을 바꾸십시오.

보기

> 결혼식에 손님이 정말 많이 왔어요.
>
> → <u>결혼식에 손님이 얼마나 많이 왔는지 몰라요.</u>

1. 사용 방법이 굉장히 복잡해요.

→ _____

2. 어제 개그 프로그램 보면서 너무 많이 웃었어요.

→ _____

3. 아이들이 말을 진짜 안 들어요.

→ _____

4. 가 : 면접시험에서 대답은 잘 했어요? 떨리지 않았어요?

나 : _____

5. 가 : 엘리베이터가 멈춰서 30분 동안 갇혀 있었다면서요?

나 : _____

6. 가 : 이거 찾고 있었어요? 잠깐 필요해서 갖다가 썼어요.

나 : _____

~을 / 를 위해서
~(으)ㄹ게요.

① 그림을 보고 대답을 쓰십시오.

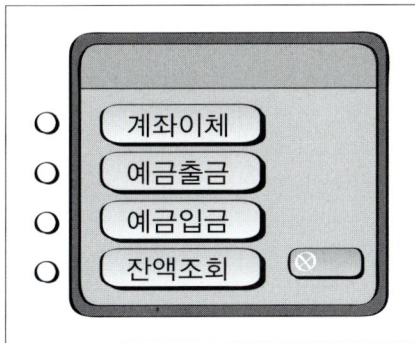

○ 계좌이체
○ 예금출금
○ 예금입금
○ 잔액조회

1. 돈을 넣을 때 ＿＿＿＿＿을/를 누릅니다.
2. 돈을 찾을 때 ＿＿＿＿＿을/를 누릅니다.
3. 한 계좌에서 다른 계좌로 돈을 옮기고
   싶을 때 ＿＿＿＿＿을/를 누릅니다.
4. 현재 남아 있는 금액이 얼마인지 확인할 때
   ＿＿＿＿＿을/를 누릅니다.

② 생활을 편리하게 해 주는 것들입니다. 아래의 표를 완성하세요.

일반 카메라	디지털 카메라
*필름을 사야 한다. *사진을 보려면 인화해야 한다. *사진이 어떻게 나올지 미리 알 수 없다.	

카세트	MP3
*보통 카세트 한 개에 60분-120분 녹음하거나 들을 수 있다. *오래 사용하면 음질이 나빠진다. *원하는 부분을 찾으려면 '되감기'나 '빨리감기' 버튼을 사용해야 한다.	

1. 가 : 지하철의 '노약자석' 은 왜 만들었어요?

　　나 : _____

2. 가 : 저축이나 보험을 꼭 들어야 하는 걸까요?

　　나 : _____

3. 가 : 점자 책은 누구를 위한 책입니까? (앞을 못 보는 사람들)

　　나 : _____

4. 대부분의 부모님들은 자식들_____

5. _____ 떡볶이를 안 맵게 했어요.

4 아래에서 골라 〈보기〉와 같이 연결하십시오.

보기

정부는 물가를 안정시키기 위해서 경제 정책을 마련할 것이라고 한다.

1. _____

2. _____

3. _____

4. _____

5. _____

정부는 물가를 안정시키다	노력하는 사람들의 이야기를 쓴 책이다.
주위의 관심을 끌다	자동차 10부제를 실시할 것이라고 한다.
올림픽 기간 동안 도심 교통난을 막다	경제정책을 마련할 것이라고 한다.
자신의 꿈과 목표를 이루다	비싼 비용으로 광고를 한다.
잊어버리지 않다	달력에 빨간색 동그라미를 해 놓았어요.
소비자에게 제품을 알리다	일부러 잘못된 행동을 하는 아이들이 있다.

1. 가 : 무슨 일인지 모르지만 급한 일인 것 같은데 가 보세요.

   나 : 네, 그럼 _____

2. 가 : 이걸 나보고 하라고요? 저 혼자서 못해요.

   나 : _____

3. 가 : 이거 사고 싶기는 한데 돈이 모자라요.

   나 : _____

4. 가 : 난 거래처에 가야 되는데 공항에 마중은 누가 나가지요?

   나 : _____

5. 가 : 이번에는 그냥 넘어가는데 다음에 또 그러면 안 돼.

   나 : 다음부터는 절대로 _____

6. 가 : 난 심각하게 얘기하는데 자꾸 농담하실 거예요?

   나 : 미안해. _____

① **틀린 것을 고치십시오.**

1. 그 사람이 어떻게 지낼까 봐 궁금해요.

2. 늦게 일어났군요. 어제 시계를 맞추어 놓았지 그래요?

3. 한국에서 서울말고는 가 본 데가 또 있어요.

4. 제가 학생 때 시험 공부하느라고 밤을 새우곤 해요.

5. 아까 여기에다가 있었는데 없어졌어요.

6. 엄마한테 거짓말했다가 엄마가 야단치셨어요.

② **알맞은 부사를 고르십시오.**

> 겨우   막   완전히   절대로   통   하긴   하도   혹시

1. 가 : 길이 얼마나 막혔는데요?

　　나 : (　　　　　) 막혔어요. 한 시간 동안 그대로 있었어요.

2. 가 : 요즘 왠지 (　　　) 먹기가 싫어요. 전에는 뭐든지 (　　　) 먹었었는데.

　　나 : 어디 아픈 거 아니에요?

3. 가 : 밤늦게 돌아다니지 말고 집에 일찍 들어가세요.

　　나 : 내가 앤가요? (　　　　　) 택시 강도 뉴스 때문에 저도 무서워요.

4. 가 : 막차로 가야 해요? 시간이 늦어서 안 좋은데.

　　나 : 사람이 얼마나 많은지 그것도 (　　　　　) 예약했어요.

5. 가 : 그런 부탁은 거절하는 게 낫지 않아요?

　　나 : 그렇긴 한데 친구가 (　　　　　) 부탁을 해서요.

6. 가 : 영화 시작한 지 얼마나 됐어요?

　　나 : 지금 (　　　　　) 시작했어요.

7. 가 : 그렇지 않겠지만 (　　　　　) 그 일이 잘 안되더라도 실망하지 마.

　　나 : 잘될 거라고 믿어.

8. 가 : 어느 날 갑자기 한국말을 잘하게 될 수 없을까?

　　나 : 그런 일은 (　　　　　) 있을 수 없는 일이에요.

3 단어의 의미가 알맞은 것과 연결하십시오.

1. 겁이 나다 • • ① 아무 변동 없이 먼저 모양이나 상태 그대로 있다

2. 당황하다 • • ② 생각이 나다 / 위로 오르다

3. 떠오르다 • • ③ 놀라거나 다급해서 어찌해야 할지 모르다

4. 망가지다 • • ④ 두렵거나 무섭다

5. 아끼다 • • ⑤ 생기게 하다 / 일어나게 하다

6. 아무렇지도 않다 • • ⑥ 못 쓰게 되다

7. 일으키다 • • ⑦ 작아지거나 적어지다

8. 줄어들다 • • ⑧ 소중히 생각하다 / 함부로 쓰지 않다

4 〈보기〉와 같이 유형을 이용하여 같은 의미가 되도록 문장을 만드십시오.

> ~(으)ㄹ까 봐   ~(으)ㄴ/는 데다가   ~말고는
>
> ~(으)ㄴ/는 덕분에   ~다가   ~기 위해서

보기

> 손님이 하나도 안 오면 어떻게 해요? 걱정이에요.
>
> → 손님이 하나도 안 올까 봐 걱정이에요.

1. 그 섬은 기온이 높아요. 여름엔 습도까지 높아서 지내기가 힘들어요.

2. 체력을 기를 거예요. 아침마다 공원에서 달리기를 하고 있어요.

3. 인사동에 구경하러 갔어요. 거기에서 우연히 이 도자기를 샀어요.

4. 아시아에서는 중국에만 가 봤어요. 다른 나라는 가 본 데가 없어요.

5. 수업 시간에 만화책 봤어요. 선생님한테 혼난 적이 있어요.

6. 많이 도와주셔서 감사합니다. 일이 잘 끝났습니다.

1 아래에 있는 음식에서 골라 아침·점심·저녁 다이어트 식단을 짜 보세요.
그리고 왜 그렇게 짰는지 설명을 붙여 보세요.

호박죽   삶은 감자   보리밥   현미밥   검은콩 밥
육개장   동태매운탕   쇠고기무국   콩나물국   미역냉국
계란찜   계란말이   햄버그스테이크   생선구이   두부조림
시금치나물   배추김치   오이무침   과일샐러드   방울토마토   김

아 침	
점 심	
저 녁	

2 '거식증'을 아시나요?

1. 아래 단어에서 알맞은 것을 골라 쓰십시오.

부작용   감소   효과   자신감   증가   식욕   신경   영양   구토

거식증이란 다이어트를 장기간 심하게 하다가 ①_____이 없어져서 먹지
못할 뿐만 아니라 먹은 음식을 소화시키지 못하고 ②_____를 하게 되는
다이어트의 ③_____이다.
체중이 ④_____하는 것을 너무 두려워해서 운동을 과도하게 하고 음식을
적게 먹어서 ⑤_____ 부족 상태가 된다. 정신적으로 ⑥_____이 매우
예민해져서 사람들과 만나는 것을 피하고 ⑦_____을 잃게 된다.

2. 이러한 거식증을 어떻게 치료할 수 있을까요? 자신의 생각을 써 봅시다.

_____

_____

1. 가 : 가족들이 부엌일을 좀 돕나요?

   나 : _____ 자기 방도 안 치워요.

2. 가 : 건강을 생각해서 보약을 가끔씩 먹는 게 좋아요.

   나 : 보약은커녕 _____

3. 가 : 한국어 시험 4급은 무난히 합격하시겠네요.

   나 : _____

4. 가 : 비가 많이 온다고 했는데 안 오네요.

   나 : 글쎄 말이에요. _____ 맑기만 하네요.

5. 가 : 1년이나 떨어져 살 건데 공항에서 아영이가 울지 않던가요?

   나 : 울기는커녕_____

6. 가 : 출장 가서 관광도 좀 하지 그러셨어요?

   나 : _____

1. 가 : 우리 아버지는 성적이 떨어져도 하나도 야단 안 치셔.

   나 : 좋겠다. 우리 아버지 _____

2. 가 : 오늘은 손님이 많았나 봐요. 벌써 다 팔렸네요.

   나 : 보통 때 _____

3. 가 : 나보고 싫다는 사람을 어떻게 잡니?

　　나 : 나 _____

4. 가 : 중요한 일인가 봐요. 비서한테 안 시키고 직접 하시는 걸 보니까.

　　나 : 다른 일 _____

5. 가 : 김장 때 배추 다섯 포기밖에 안 했는데 아직도 있어요.

　　나 : 식구 많은 집 _____

6. 가 : 요즘에는 육류를 지나치게 먹어서 건강이 안 좋은 사람이 많대요.

　　나 : 옛날 _____

~아/어/여 가면서

⑤

1. 가 : 수업에서 계속 연습만 하면 학생들이 지루해해요.

　　나 : _____

2. 가 : 이 책 번역하는 데 시간이 그렇게 많이 걸려요? (사전 찾다)

　　나 : _____

3. 가 : 아무리 똑똑한 사람도 혼자서는 살 수 없는 법이에요. (서로 돕다)

　　나 : _____

4. 가 : 한국에서 하려고 하는 일은 어떻게 하기로 했어요? (상황을 보다)

　　나 : _____

5. 가 : 연설 내용을 도중에 좀 바꿔도 되겠죠?

　　나 : _____ (청중의 반응을 보다)

6. 가 : _____

　　나 : 다 해 놓고 쉴게요.

~(으)ㄹ래요? / ~(으)ㄹ래요.
~(느)ㄴ다는 게
~고 말다

① '건강과 장수의 비결'은 뭘까요? 아래에서 건강에 가장 중요하다고 생각하는 것 5가지를 고른 후 각각에 대해 설명을 써 봅시다.

스트레스   일하기   운동   음식   수면   건강보조식품
소득   명상   규칙적인 생활   웃기   감정 조절   애완동물
체중조절   적당한 일   행복한 결혼   술   담배   콜레스테롤 체크

보기

스트레스 : 스트레스가 쌓이는 것은 어쩔 수 없지만 그때그때 해소하는 것이 중요하다. 취미 생활이나 자신의 이야기를 들어 주는 가까운 친구가 필요하다.

1. _____

   _____

2. _____

   _____

3. _____

   _____

4. _____

   _____

5. _____

   _____

1. 가 : _____?

   나 : 그래요. 그 영화 재미있겠던데 보러 가요.

2. 가 : _____?

   나 : 네, 걱정 말고 저한테 맡기세요.

3. 가 : _____?

   나 : 그만 먹을래요.

4. 가 : 너 몸도 안 좋은데 마라톤 대회에 나가지 마라.

   나 : _____

5. 가 : 친구 일에 왜 그렇게 모르는 척해요? 의견을 좀 말하세요.

   나 : _____

6. 가 : _____

   나 : 우리 모임에서 지환 씨가 빠지면 안 돼요.

1. 브레이크를 밟아야 하는데 가속 페달을 밟았을 때

   → _____

2. 엘리베이터를 타고 8층에서 내려야 하는데 7층에서 내렸을 때

   → _____

3. 특별한 재료와 양념을 넣어서 맛있게 만들고 싶었는데 더 맛이 없게 되었을 때

　→ _____

4. 삼십 분만 자려고 누웠다가 일어나 보니 두 시간이나 지나 있을 때

　→ _____

5. 좋은 말로 주의를 주려고 생각했는데 화를 내고 말았을 때

　→ _____

6. 한 숟가락만 먹으려고 했는데 아이스크림 한 통을 다 먹어 버렸을 때

　→ _____

～고 말다

보기

> 승진 시험에서 떨어져서 <u>탈락했습니다</u>.
>
> 　　　　　　탈락하고 말았습니다

1. 자금 사정이 안 좋았던 그 회사는 결국 다른 회사로 <u>넘어갔습니다</u>.

2. 거의 다 이긴 경기를 수비 실수로 <u>졌습니다</u>.

3. 그렇게 만나고 싶었던 가족을 만나지 <u>못했습니다</u>.

4. 전쟁이 나지 않기를 바랐지만, 두 나라 사이에 전쟁이 <u>일어났습니다</u>.

1. 오래 치료도 받고 두 번이나 수술도 받았지만 끝내 _____

2. 거의 다 잡은 물고기를 _____

3. 헤어졌다가 다시 만난 지 1년 만에 또다시 _____

4. 그런 일이 생기지 않도록 노력했지만 _____

5. 꿈을 이루고 싶었지만 _____

6. 6개월 동안 계속된 실험은 결국 _____

~기에(는)
~(느)ㄴ다는 말이다
~(으)려던 참이다

① 다음 그림의 동작에 맞는 설명을 고르십시오.

1. (   )   2. (   )   3. (   )   4. (   )

① 몸을 앞으로 굽힙니다.   ② 두 팔을 위로 올립니다.

③ 제자리에서 뜁니다.   ④ 목을 좌우로 돌립니다.

② 운동은 모든 사람에게 필요한 것이지만 나이나 체력 등을 고려해야 합니다.
연령과 성별에 따라 적당한 운동을 2~3가지씩 고르고 이유를 설명하십시오.

> 달리기   줄넘기   수영   요가   빠르게 걷기
> 암벽타기   에어로빅 댄스   축구   테니스   체조
> 자전거   농구   검도   기구를 이용한 근력운동

연령	알맞은 운동	이유
중고생 (남자/여자)		
20~30대 직장인 (남자/여자)		
40~50대 주부 (남자/여자)		
60대 이상 (남자/여자)		

~ 기에(는)

1. 가 : 이 집 비빔밥 양이 많으니까 하나 시켜서 둘이 먹을까요?

   나 : 양이 많긴 하지만 _____적지 않을까요?

2. 가 : 오늘 밤부터 추워진다니까 코트를 입을까?

   나 : 아직 10월인데 _____

3. 가 : 버스 정류장으로 두 정류장인데 걸어서 가죠, 뭐.

   나 : _____

4. 가 : 4급 학생한테 이 소설책을 읽히려고 하는데 어떨까요?

   나 : _____

5. 가 : (오후 5:00) 저녁 먹으러 같이 갈래요?

   나 : _____

6. 가 : 친구하고 둘이 살려고 하는데 원룸과 아파트 중에서 뭐가 나을까요?

   나 : _____

~(이)라는/다는/~(느)ㄴ다는/(으)라는/자는 말이다

1. 가 : 한국에서 설날 전날과 다음 날도 쉬는 날이에요.

   나 : 그럼 3일 동안 _____?

2. 가 : 지난번 사업 설명회에서 들은 얘기가 사실과 다르대요.

   나 : _____?

3. 가 : 한 달 만에 65킬로그램에서 55킬로그램이 됐대요.

나 : 10킬로그램이나 _____?

4. 가 : 서로의 인생을 위해서 각자 자유롭게 사는 게 어때?

　　나 : _____?

5. 가 : 명희하고 싸웠어요? 명희는 원래 착한 사람인데…….

　　나 : _____?

6. 가 : 한 달에 26일 정도 일해요.

　　나 : 토요일에도 _____?

~(으)려던 참이다

5

1. 가 : 같이 먹으려고 떡볶이랑 순대 좀 사 왔는데.

　　나 : 그렇지 않아도 _____

2. 가 : 아까 내가 보낸 문자 메시지 받았어요?

　　나 : _____

3. 가 : 저 은행에 갈 건데 뭐 부탁하실 거 있으세요?

　　나 : _____

4. 가 : 책상 위가 왜 이렇게 지저분해요?

　　나 : _____

5. 가 : 요즘 김 대리 근무 태도가 좀……. 한마디 해야 할 것 같은데.

　　나 : _____

6. 가 : 지난번 보려고 했던 공연 말이에요, 다시 한다는데 같이 갈래요?

　　나 : _____

~기 마련이다
~(이)라니까요 / 다니까요 /(느)ㄴ다니까요 /(으)라니까요 / 자니까요
~든지 ~든지

① 다음 글을 읽고 대답을 쓰십시오.

건강검진은 피곤하다거나 이유 없이 체중이 준다거나 몸에 이상을 느꼈을 때 무계획적으로 받는 것이 아니다. 몸에 이상이 없을 때도 규칙적으로 자신의 몸 상태가 어떤지 체크해서 병을 예방하고 평소 건강관리를 할 수 있도록 해야 한다.

또 무조건 종합검진센터에서 큰돈을 (가)_____ 각종 검사를 받는 것이 최선은 아니다. 건강검진을 받은 50대 여성이 정상이란 진단을 받은 후 6개월 만에 암으로 사망한 일이 있었다. 검사 전후 의사와 충분한 상담이 없었기 때문일 것이다. 검진 (나)_____ 결과 해석도 중요하다.

건강검진은 검진 받는 사람의 나이와 성별에 따라 그리고 가족 병력이나 생활 패턴 등을 의사와 상담한 후 필요한 검사만 받는 게 가장 좋은 방법일 것이다.

1. (가)에 알맞은 동사를 고르십시오.

　　① 들여서　　　② 들어서　　　③ 걸려서　　　④ 들어가서

2. (나)에 알맞은 표현을 고르십시오.

　　① 에 비해서　　② 반면에　　　③ 말고는　　　④ 못지않게

3. 위 글의 중심 내용이 들어있는 문장을 쓰십시오.

　　_____

　　_____

② 우리 몸속에 있는 장기의 이름을 아래에서 골라 쓰십시오.

간	심장	위
장(대장, 소장)		폐

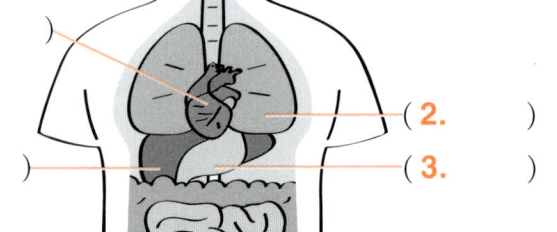

(1.　　　)

(2.　　)

(4.　　)　　(3.　　)

(5.　　)

~기 마련이다

1. 가 : 전쟁 때 부모도 잃고 남매가 어떻게 살았을까요?

   나 : 부모 없이도 _____

2. 가 : 처음이라서 그런지 너무 긴장이 되던데요. 아직도 떨려요.

   나 : 처음에는 누구나 _____

3. 가 : 난 완벽하게 했다고 생각했는데 그런 문제가 생겼네요.

   나 : _____

4. 가 : 사랑해서 결혼했는데 왜 부부 싸움을 할까요?

   나 : _____

5. 가 : 어떻게 학교에 소문이 났을까? 절대로 말하지 말라고 했는데.

   나 : _____

6. 가 : 주위 환경에 따라 그렇게 변할 수 있다는 게 이해가 안 가요.

   나 : _____

~(이)라니까요 / 다니까요 /(느)ㄴ다니까요 /(으)라니까요 / 자니까요.

1. 가 : 그게 정말이에요? 말도 안 돼.

   나 : _____

2. 가 : 다시 확인해 보세요. 틀릴 수도 있잖아요?

   나 : _____

3. 가 : 내가 부탁한 거 꼭 사 와야 돼요. 잊지 말고요. 꼭이에요.

   나 : _____

4. 가 : 담배 안 피우세요? 전엔 피웠잖아요?

　　나 : _____

5. 가 : 달리고 있는데 갑자기 앞 차가 브레이크를 밟아서 사고가 난 거예요.

　　나 : _____

6. 가 : 저랑 같이 안 가면 어때요? 먼저 가세요.

　　나 : _____

~든지 ~든지

5

1. 가 : 살이 쪘는지 몸이 둔해져서 안 되겠어요. 운동을 해야겠어요.

　　나 : _____ 하세요.

2. 가 : 어제는 콧물만 나왔었는데 오늘은 기침도 나네요.

　　나 : _____ 하라니까요.

3. 가 : 이야기 준비는 꼭 연필로 써 와야 하나요?

　　나 : _____

4. 가 : 엄마, 하기 싫다니까 왜 자꾸 시키세요?

　　나 : _____ 네 마음대로 해.

5. 가 : 난 정장이 없는데 그냥 아무 거나 입고 가면 안 될까요?

　　나 : _____

6. 가 : 신청서는 우편으로 보내야 하나요?

　　나 : _____

7. 가 : 학교에서 나쁜 행동을 하는 학생들을 어떻게 지도하나요?

　　나 : _____

~ 지
~ 에 한해서
~ 게

1 다음 글을 읽고 대답을 쓰십시오.

언제부터인가 축하할 일이 있는 날이나 기념이 되는 날에 사람들은 꽃을 보내서 자신의 마음을 전하곤 한다. 받은 꽃을 치우기가 귀찮다고 하는 사람도 있고 형식적인 인사라고 하는 사람도 있지만 꽃에는 분명 말로 표현할 수 없는 어떤 의미가 있다. 어버이날이나 스승의 날에 부모님과 선생님께 달아 드리는 카네이션 꽃의 (가)_____를 들어보자.

지금부터 약 100년 전쯤 미국 한 마을에 안나라는 소녀가 어머니와 살았었는데 어머니가 병으로 세상을 떠나셨다. 장례식 후에 안나는 어머니 묘지 앞에 어머니가 평소에 좋아하시던 카네이션을 심었다. 그 후 안나는 한 모임에서 사람들에게 "어머니가 그리워 어머니 산소에 있는 꽃과 똑같은 꽃을 (나)_____ 나왔다"고 했다. 그 후 사람들이 이것을 따라서 하게 되고, 미국에서는 5월 둘째 일요일을 어머니날로 정하게 되었다. 그래서 이 날은 어머니가 살아 계신 사람은 붉은 카네이션을 드리고, 어머니가 계시지 않은 사람은 흰 카네이션을 자기 가슴에 (나)_____ 풍습이 생겼다.

한국에서는 5월 8일을 어머니날로 지키다가 어버이날로 이름을 바꾸어 많은 사람들이 부모님께 감사하는 날로 지키고 있다.

1. (가)에 들어갈 단어로 알맞은 것을 고르십시오.

   ① 발전   ② 원래   ③ 기본   ④ 유래

2. (나)에 들어갈 동사로 알맞은 것은 무엇입니까?

   ① 대고/대는   ② 달고/다는   ③ 걸고/거는   ④ 붙이고/붙이는

3. 위 글의 내용과 <u>다른</u> 것을 고르십시오.

   ① 꽃을 보내는 것에는 어떤 의미가 있다고 할 수 있다.

   ② 받은 꽃 때문에 귀찮아하는 사람도 있다.

   ③ 현재 한국의 어머니날은 5월 8일이다.

   ④ 부모님께 카네이션을 드리는 깃은 꽤 오래된 풍습이다.

4. '흰 카네이션'과 '붉은 카네이션'을 각각 어떻게 사용합니까?

_____

1. 가 : 아이가 키가 커서 어른스러워 보여요.

   나 : _____ 아직 어린걸요.

2. 가 : 포장이 화려한 걸 보니 안에 좋은 게 들었겠군요.

   나 : _____

3. 가 : 노래 가사를 많이 아니까 부르기도 잘 부르겠네요.

   나 : _____

4. 가 : 한국말을 집에서도 쓰시죠?

   나 : _____

5. 가 : 휴게실에서 담배 피우면 안 돼요?

   나 : 휴게실은 _____ 담배 피우는 데가 아니에요.

6. 가 : 숙제요? 학교에 가서 하면 돼요.

   나 : 숙제는 _____

3

1. 가 : 그 공연은 할인된다고 하던데.

   나 : _____

2. 가 : 이 무료 쿠폰은 주말에도 쓸 수 있는 거예요?

   나 : _____

3. 가 : 할인받으려면 꼭 현금으로 사야되는거죠?

   나 : 네, _____

4. 가 : 아파트 분양 신청은 누구든지 할 수 있나요? (무주택자)

　　나 : ＿＿＿＿＿＿＿＿＿＿＿＿＿＿＿＿＿＿＿＿＿＿

5. 가 : 그 나라의 국적을 취득하고 싶은데요. (5년 이상 거주한 사람)

　　나 : ＿＿＿＿＿＿＿＿＿＿＿＿＿＿＿＿＿＿＿＿＿＿

6. 가 : 명절날 고궁에 무료로 입장할 수 있다면서요? (한복 입은 사람)

　　나 : ＿＿＿＿＿＿＿＿＿＿＿＿＿＿＿＿＿＿＿＿＿＿

～게

④

1. 가 : 중간 사이즈 피자로 주문할까요?

　　나 : ＿＿＿＿＿＿＿＿＿＿＿＿＿＿＿ 큰 사이즈로 주문하자.

2. 가 : 풀로 붙이면 되겠죠?

　　나 : ＿＿＿＿＿＿＿＿＿＿＿＿＿ 호치키스로 찍는게 좋겠어.

3. 가 : 케이크 맛있다. 엄마, 내가 다 먹어도 돼요?

　　나 : ＿＿＿＿＿＿＿＿＿＿＿＿＿ 조금만 남겨 놓을래?

4. 가 : 깜짝 이벤트니까 사람들이 알면 안되겠네요.

　　나 : 그럼요. ＿＿＿＿＿＿＿＿＿＿＿ 우리끼리 준비해야 돼요.

5. 가 : 안내서에 영어 설명이 있어야 하나요?

　　나 : ＿＿＿＿＿＿＿＿＿＿＿＿ 영어 설명을 넣어 주세요.

6. 가 : 생선이 아직 다 안 익었으니까 이따가 불을 끌게요.

　　나 : ＿＿＿＿＿＿＿＿＿ 잘 보세요.

복습 21과~25과

① 맞는 것을 고르십시오.

1. 오늘은 산책하기(로 / 에) 정말 좋은 날씨예요.

2. 여름인데 긴 머리가 더워 보여서 시원하게 (잘라 버렸어요 / 자르고 말았어요).

3. 단체 생활에서 그런 사람 한두 명은 (있는 / 있기) 마련이지요.

4. 쉬라니요? 나보고 일하지 (않으라는 / 말라는) 말이에요?

5. 다른 사람들 (같으면 / 같이) 그런 거 좋아할 텐데 너는 왜 안 좋아?

6. 늦게 오는 사람들 (앉게 / 앉으려고) 뒤에다 의자를 놓았어요.

7. 진짜 안 돼요. 정말 바쁘(다니까요 / 단 말이에요 / 다니요).

② 다음 단어 중에서 알맞은 것을 고르십시오.

> 괜히   굉장히   당장   얼른   한꺼번에

1. 가 : 어제는 프랑스식 양고기 구이를 해 먹었어요.

   나 : 요리를 (   ) 잘하시나 봐요.

2. 가 : 보너스가 생각보다 많네요.

   나 : 작년에 못 받은 거하고 (   ) 받아서 그래요.

3. 가 : 별로 필요도 없는데 (   ) 산 것 같아요.

   나 : 잘 생각해 보고 사지 그랬어요?

4. 가 : 생활비도 모자라는데 저축까지 하라는 말씀이세요?

   나 : 지금 (   )은 힘들겠지만 나중을 생각해야지요.

5. 가 : 식사 준비 다 됐어요?

   나 : 네, 다 됐어요. 손 씻고 (   ) 오세요.

6. 가 : 저는 좋아하는 사람 앞에서는 (   ) 얼굴도 빨개지고 그래요.

   나 : 보기엔 안 그럴 것 같은데.

3 다음 단어 중에서 알맞은 것을 골라 적당한 형태로 쓰십시오.

> 곤란하다   굉장하다   눈에 띄다   늘다   빠지다   빼다
> 상하다   신경 쓰다   쑤시다   알아서 하다   집착하다   후회하다

1. 사춘기가 되면 외모에 많이 (   ). 이성에 관심도 생기고요.

2. 더운 여름에는 음식이 빨리 (   ) 조심하세요.

3. 이 안내문은 사람들이 잘 볼 수 있도록 (   ) 데다가 붙이세요.

4. 저는 옛날부터 제 일은 제가 (   ). 혼자 살았거든요.

5. 올림픽 개막식에 갔었어요. 정말 (   ).

6. 가 : 한 달 정도 연기해 주시면 안 될까요?

   나 : 그건 좀 (   ).

7. 가 : 내가 왜 그렇게 빨리 해 버렸을까? 천천히 했더라면…….

   나 : 지금 (   ) 소용없어요.

8. 가 : 요즘 마른 거 같아요. 몇 킬로나 (   )?

   나 : 빠지기는커녕 전보다 1킬로 (   ).

4 주어진 문장과 같은 의미가 되도록 유형을 사용하여 문장을 만드십시오.

1. 그 영화가 재미없었어요. 지루해서 잠만 오던데요.

   →_____기는커녕 _____

2. 연락하려고 했었어요. 근데 너무 바빠서 깜빡 잊어버렸어요.

   →_____(느)ㄴ다는 게 _____

3. 날마다 친구들을 만나면 돈을 많이 쓸 수밖에 없지요.

   →_____게 마련이지요.

4. 저는 그 사람이 어떤 사람인지 잘 몰라요. 이름만 알 뿐이에요.

   →_____지 _____

5. 쉬지 않고 계속 공부하는 건 안 좋아요. 가끔씩 쉬는 게 효과적이에요.

   →_____아/어/여 가면서 _____

26

~는 바람에
~(으)로

① 알맞은 단어를 골라 쓰십시오.

계좌   구독   송금   신청   전액   접수   정기   환불

1. 액수의 전부 ( )
2. 일정한 기간 ( )
3. 책이나 신문, 잡지 등을 사서 읽음 ( )
4. 어떤 일을 처리하기 위해 필요한 서류를 받아들임 ( )
5. 은행 등에서 각 고객의 저축 상황을 계산하고 기록한 것 ( )
6. 우편이나 은행을 통하여 돈을 보내는 것 ( )
7. 일을 맡은 기관에 어떤 일을 해 줄 것을 정식으로 요구함 ( )
8. 요금 등을 되돌려 줌 ( )
9. 구입한 물건이 문제가 있는 경우에 영수증을 가져오시면_____이 됩니다.
10. 공사비 _____을 정부에서 지원받은 게 아니라 일부만 받았습니다.
11. 집에서 어느 신문을 _____하고 계십니까?
12. 오늘 마감된 대학 입학 원서 _____ 창구는 하루 종일 붐볐습니다.
13. 돈을 _____하려고 하는데요. 은행 _____ 번호를 알려 주시겠어요?
14. 문화센터에 중국어 강좌가 있어서 _____할까 하는데 같이 하실래요?
15. 이 학교 졸업생들끼리 앞으로 _____ 모임을 갖기로 했어요.

② 다음 사례를 읽고 여러분의 생각을 써 보십시오.

할부로 집 근처 대리점에서 에어컨을 구입했는데 찬 바람이 나오지 않아 2회 수리를 받았지만 계속 문제가 있었어요, 수리를 요구했지만 대리점에서 제대로 수리해 주지 않았습니다, 그래서 할부금을 3개월 연체했습니다, 최근 대리점에서 할부금 청구서가 왔는데 연체료까지 포함되어 있었습니다, 에어컨은 현재까지 수리가 안 된 상태인데 어떻게 해야 하는지 알고 싶습니다,

_____

_____

1. 부자였는데 아버지 사업이 망하는 바람에 _____

2. 갑자기 출장 일정이 길어지는 바람에 _____

3. 행복한 가정이었는데 _____ 하루아침에 고아 신세가 되었다.

4. 회사에 잘 다니고 있었는데 _____ 회사에서 잘렸다.

5. 차에서 커피를 마시고 있는데 _____ 커피가 다 쏟아졌다.

6. 그 일을 끝까지 비밀로 할 수 있었는데 _____

7. 돈을 세고 있는데 갑자기 _____

8. 가 : 여행에서 왜 일찍 돌아왔어요?

   나 : _____

9. 가 : 아침에 통근버스 타고 오지 않아요? 왜 늦었어요?

   나 : _____

～(으)로

4 아래 단어 중 하나를 골라 〈보기〉와 같이 문장을 만드십시오.

| 국제 유가 인상 | 폭설 | 지진 | 해일 | 비행기 사고 |
| 잦은 해외 출장 | 엔진 고장 | 지하철 파업 | 알레르기 | |

보기

국제 유가 인상**으로** 국내 물가도 많이 오를 것으로 예상된다.

1. _____

2. _____

3. _____

4. _____

5. _____

6. _____

~(으)ㄴ / 는데요, 뭘
~ 자면
~ 고 해서

① 학창시절 기억나는 선생님에 대해 써 봅시다.

선생님의 성함이 어떻게 되세요?
몇 학년 때, 무슨 과목을 담당하셨습니까? 그 과목을 좋아했나요?
왜 그 선생님이 생각납니까?
그 선생님한테 야단맞은 적이 있나요?
지금 그 선생님을 만난다면 가장 먼저 무슨 얘기를 할 건가요?

② 학창시절 친하게 지냈던 친구에 대해 써 봅시다.

친구 이름	"이 지수"	
외모나 행동 등 기억나는 것	"긴 머리에 아주 말랐고, 달리기를 잘해 인기가 있었다."	
어떻게 친해졌는지 또는 기억나는 에피소드	"고등학교 3년 동안 같은 반이어서 늘 같이 다닌 단짝친구였다."	
지금은 어떻게 지내는지	"결혼 후에 외국에 가서 산다는 말을 들었는데 보고 싶다."	

1. 가 : 이 셔츠하고 바지가 안 어울리지요?

   나 : _____

2. 가 : 기온이 영하라는데 옷이 너무 얇은 거 아니에요?

   나 : _____

3. 가 : 지난번 일 때문에 사과드리러 왔어요.

   나 : _____

4. 가 : 저를 위해서 일부러 그런 수고까지 해 주시고 정말 고맙습니다.

   나 : _____

5. 가 : 제가 소금을 좀 많이 넣은 것 같은데 맛이 어때요?

   나 : _____

6. 가 : 제 발음이 나쁘죠? 연습해도 잘 안되네요.

   나 : _____

~ 자면

1. 가 : 궁중 요리를 제대로 배우고 싶은데 몇 개월 코스가 있어요?

   나 : _____ 1년 정도 배우셔야 돼요.

2. 가 : 사정이 급해도 원칙대로 합시다.

   나 : _____ 쉽지 않을 서예요.

3. 가 : 난 꼭 훌륭한 작가가 될 거예요. 노력하면 되겠지요?

   나 : _____

4. 가 : 명절 음식을 옛날 방법 그대로 하는 게 힘든가요?

나 : _____

5. 가 : 전 대충 하는 건 싫어요. 자세히 설명해 주세요.

나 : _____

6. 가 : 여기서 수원에 가야 하는데 어떻게 가면 빠를까요?

나 : _____

⑤

1. 가 : 하숙집을 왜 옮기셨어요?

나 : _____

2. 가 : 오늘 왜 한턱내시는 거예요?

나 : _____

3. 가 : 어제 모임에는 왜 빠지셨어요?

나 : _____

4. 가 : 일부러 백화점까지 가서 장을 보셨어요?

나 : _____

5. 가 : 부인과 내일모레 여행 가시기로 했다면서요?

나 : _____

6. 가 : 집수리를 하자면 힘들 텐데 왜 하세요?

나 : _____

① 서울의 재래시장

제기동 경동시장

1950년 한국 전쟁 이후 서울 사람들의 생활이 회복되기 시작하면서 시장이 필요하게 되었다. 경기도와 강원도의 농민들이 생산해 오는 농산물이 청량리 역으로 들어왔고 이들이 장사를 하기 시작하면서 자연스럽게 시장이 형성되었던 것이다.

1960년 시장 개설 허가를 받은 후 서울 시내에서 모든 농산물을 골고루 가장 싸게 살 수 있는 시장으로 자리를 잡았다. 특히 고추, 마늘, 도라지, 산나물 등의 특산물을 주로 취급한다. 또한 한약 전문 상가와 국내 최대의 인삼 시장이 있는 한국의 대표적인 한약 시장이다. 1980년대 이후 새로운 빌딩이 생기면서 확장 발전하였다.

1. 위 글의 내용과 맞으면 O, 틀리면 X 표를 하십시오.

① 1960년 이후 정부에서 시장을 세웠다. (   )

② 한약뿐만 아니라 채소와 여러 가지 농산물을 살 수 있다. (   )

③ 1980년대 이후 백화점 등에 밀려 매출이 줄었다. (   )

④ 한국 전쟁 이후 근처 청량리 역을 통하여 지방의 농산물이 들어왔다. (   )

2. 위 글에서 '돈을 벌기 위해 물건을 파는 것'을 의미하는 단어는 무엇입니까?

_____

② "한 달에 한 번 이상 이용하는 유통 매장"을 조사한 것입니다. 어떤 변화가 있는지 설명하십시오.

(2000년)

백화점	재래시장	대형마트	슈퍼마켓	편의점	기타

(2004년)

백화점	재래시장	대형마트	슈퍼마켓	편의점	기타

3

1. 5년이나 썼는데도 워낙 깨끗하게 써서 _____

2. 어릴 때부터 20년이나 옆집에 살던 친구라서 _____

3. 부산에서 태어나진 않았지만 20년 살았으니까 _____

4. 점수로는 비겼지만 내용 면에서는 우리 팀이 _____

5. 이 책은 앞부분에 중요한 게 다 있으니까 여기까지 공부했으면 _____

6. 아무리 _____ 사이라지만 그래도 남인데……

~았/었/였더라면

4 〈보기〉와 같이 같은 의미의 문장으로 바꾸십시오.

> **보기**
>
> 미리 알지 못해서 그런 일을 막지 못한 거예요.
>
> → 미리 알았더라면 그런 일을 막을 수 있었을 텐데.

1. 늦게 발견돼서 목숨을 구할 수 없었어요.

   → _____

2. 치료를 제대로 받지 않아서 병이 더 커졌어요.

   → _____

3. 다행히 도장을 가지고 가서 서류를 뗐어요.

   → _____

4. 준비를 충분히 못해서 안 좋았어요.

   → _____

5. 부모님 말을 듣지 않아서 사고가 났어요.

→ _____

6. 그때 참지 않아서 일이 더 커졌어요.

→ _____

~(으)ㄹ 뻔하다

1. 지하철에 사람이 얼마나 많은지 _____

2. 공항에 조금만 늦게 도착했더라면 _____ .

3. 친구는 1층에서 기다리고 저는 2층에서 기다린 거예요. _____

4. 3년 만에 조카를 만났는데 너무 많이 변해서 _____

5. 아침에 늦게 일어나서 _____는데 버스가 일찍 와서 지각 안

했어요.

6. 어제 열쇠를 안 갖고 나와서 방에 _____는데 하숙집

아주머니가 열어 주셔서 들어갔어요.

① 아래에 있는 서울 관광 코스를 참고하여 '2박3일 관광 스케줄'을 만들어 보세요.
(숙박, 식사, 교통편 이용까지 자세하게 계획을 세워 봅시다.)

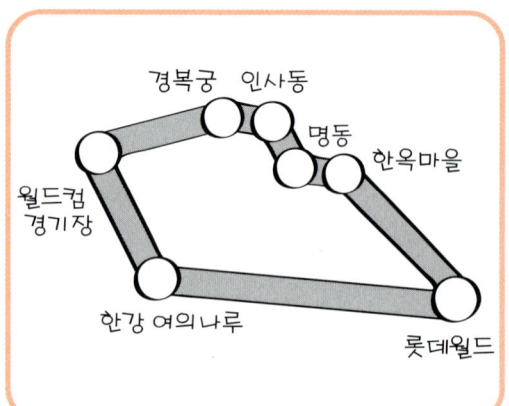

첫째 날 (오전 11시 반 공항에 도착)

둘째 날

셋째 날 (오후 6시 공항에서 출발)

② '종로 피맛골'을 아시나요?

피맛골은 서울의 교보문고 뒤쪽에서 종로3가 사이에 있는 종로의 뒷골목인데 조선 시대 높은 사람들의 '말을 피해서 다니던 길'이라는 뜻에서 생긴 이름이다.
양반과 평민의 계급 구별이 심했던 조선시대. 그 시절 종로 거리의 풍경은 오늘날과 많이 달랐다. 당시 평민들은 높으신 양반들을 만나면 다 지나갈 때까지 엎드려 있어야 했다. 이 때문에 불편했던 평민들은 큰길 양쪽의 좁은 골목으로 다니는 습관이 생겼고 그 주위에는 자연히 술집과 음식점이 하나 둘씩 늘어났다. 두 사람이 나란히 걷기에도 좁은 골목길이지만 길 양쪽에 해장국·생선구이·낙지볶음·빈대떡 등을 파는 식당과 술집이 밀집한 종로의 명소이다.

1. '피맛골'은 서울의 어디부터 어디까지를 말합니까?

2. '피맛골'이라는 이름은 어디에서 왔습니까?

3. 길에서 양반을 만나면 평민은 어떻게 해야 했나요?

4. 주로 어떤 음식점들이 있나요?

3 〈보기〉와 같이 다음 단어를 이용하여 문장을 만드십시오.

책, 인터넷, 신문, 잡지, 친구, 직업소개소, 부동산소개소, 아는 사람

보기

아이들은 책을 통해서 배우는 것이 많습니다.

1. _____

2. _____

3. _____

4. _____

5. _____

6. _____

1. 가 : 민경이 말이야, 시간이 정말 없는 걸까?

   나 : _____ 없는 척하는 거 같아.

2. 가 : 아니에요. 전 힘들지 않아요.

   나 : _____ 안 힘든 척하는 거죠?

3. 가 : 저는 술 잘 못 마시는데요.

   나 : _____

4. 가 : _____

   나 : 자기가 아니까 안다고 했겠죠.

5. 가 : 저는 그 사람이 저를 정말 싫어하는 줄 알았어요.

　나 : ＿＿＿＿＿＿＿＿＿＿＿＿＿＿＿ 겉으로 표현을 안 해서 그래요.

6. 가 : 오리털 이불은 굉장히 가볍네요.

　나 : ＿＿＿＿＿＿＿＿＿＿＿ 따뜻해요.

7. 가 : 다이어트를 해야 하는데 어떤 음식이 좋을까요?

　나 : 두부처럼 ＿＿＿＿＿＿＿＿＿＿＿＿ 칼로리가 안 높은 걸 드세요.

～(으)ㄴ / 는/(으)ㄹ 줄 모르다

5

1. 가 : 태영 씨가 다음 달에 아기 낳는대요.

　나 : 뭐라고요? ＿＿＿＿＿＿＿＿＿＿＿＿＿＿＿

2. 가 : 이게 얼마나 비싼 거라고요. 그렇게 함부로 다루면 안 돼요.

　나 : ＿＿＿＿＿＿＿＿＿＿＿＿＿＿＿＿＿＿

3. 가 : 왜 저를 빼고 갔어요? 제가 얼마나 관심이 많은데.

　나 : ＿＿＿＿＿＿＿＿＿＿＿＿＿＿＿＿＿＿

4. 가 : 작곡한 노래가 히트해서 기쁘시겠습니다. 예상하셨습니까?

　나 : ＿＿＿＿＿＿＿＿＿＿＿＿＿＿＿＿＿＿

5. 가 : 900번 버스 타면 한 번에 올 수 있는데 갈아타고 왔어요?

　나 : ＿＿＿＿＿＿＿＿＿＿＿＿＿＿＿ 모르고 ＿＿＿＿＿＿＿＿＿＿

6. 가 : 복권 5장 중에서 2장을 친구한테 줬는데 그 중 한 장이 1등짜리였어요.

　나 : ＿＿＿＿＿＿＿＿＿＿＿＿＿＿＿ 친구한테 주었군요.

~ 끝에 (~던 끝에)
~ 기로는
~ 조차

1 다음 글을 읽고 대답을 쓰십시오.

> 현재의 인사동 지역은 조선 시대 그림에 관한 일을 담당했던 관청이 있었던 곳이다. 이름난 화가들과 그림도구를 사려는 사람들이 모여들었고 자연스럽게 조선시대 미술 활동의 중심지가 되었다. 1930년대 이후 주변에 서적, 고미술 관련 상가가 생기기 시작하면서 골동품 거리로 자리 잡게 되었고, 1950년 한국 전쟁 이후에는 근처에 낙원시장이 형성되었다. 1970년대부터 화랑들이 하나 둘씩 모여들면서 미술 문화의 거리라는 성격이 강해졌고 1980년대 이후 골동품, 고미술, 화랑, 고가구점, 민속공예품 판매점들이 들어서면서 서울의 전통문화 예술 활동의 중심지가 되었다. 1988년에 '전통문화의 거리'로 지정되었고, 1997년 4월부터는 일요일마다 '차 없는 거리'로 지정되어 거리 축제가 (가)_____.

1. 위 글의 내용과 맞으면 O, 틀리면 X 표를 하십시오.

① 조선 시대 이 지역은 미술과는 관련이 없었다. ( )

② 요즘 일요일에 가면 거리 축제를 구경할 수 있다. ( )

③ 1970년대 이전에도 골동품 관련 상점들을 볼 수 있었다. ( )

④ 조선 시대의 양반들이 살던 지역이기 때문에 예술의 거리가 되었다. ( )

2. (가)에 알맞은 말을 고르십시오.

① 열리고 있다   ② 하고 있다   ③ 열려 있다   ④ 나와 있다

3. 위 글에 제목을 붙여 보십시오.

_____

2 알맞은 단어를 고르십시오.

1. 주말에 부산에 가서 신선한 해물을 정말 (   ) 먹었다.
   ① 실컷   ② 굉장히   ③ 하도   ④ 완전히

2. 수현 씨를 소개받은 게 아니라 그냥 (   ) 만나서 사귀게 될 거예요.
   ① 혹시   ② 우연히   ③ 갑자기   ④ 급하게

3. 앞 기차가 떠나고 나서 (   ) 후에 다음 기차가 도착했다.
   ① 한참   ② 길게   ③ 멀리   ④ 오랫동안

4. 전 괜찮으니까 저 때문에 (   ) 오실 필요는 없어요.
   ① 아무래도   ② 제대로   ③ 꽤   ④ 일부러

~ 끝에

3 〈보기〉와 같이 아래 단어를 이용하여 문장을 만드십시오.

> 여러 번 시도하다,   고생,   생각(하다),   고민(하다),   논란
> 3번의 수술, 5시간의 협상, 6개월간의 작업, 오랜 연구

보기

여러 번 시도한 끝에 그 배우와 인터뷰를 할 수 있었다.

'고생 끝에 낙이 온다' 는 속담 아세요?

1. 가 : 한 번만 더 생각해 보시고 결정하시지 그래요?
   나 : _____

2. 가 : 결국 그렇게 결정이 났군요. 결과가 궁금했었는데 .
   나 : _____

3. 가 : 이번 실험 성공은 정말 대단한 일입니다.
   나 : _____

4. _____ 잃었던 건강을 되찾았다.

5. _____ 회사를 그만두기로 했다.

6. 이 작품은 _____ 완성된 것이다.

1. 가 : 서울에서 젊은 사람들이 많이 모이는 데가 신촌인가요?

   나 : _____

2. 가 : 우리 교실에서 누구 목소리가 커요?

   나 : _____

3. 가 : 나도 팔 힘이 세다고 생각했는데 석환이한테 팔씨름 졌어.

   나 : _____

4. 가 : 자연환경이 가장 오염되지 않은 곳이 어디일까요?

   나 : _____

5. 가 : 여러분 나라에서 어디가 살기 편해요?

   나 : _____

6. 가 : 세계에서 인구밀도가 높은 나라(도시)가 어디일 것 같아요?

   나 : _____

~ 조차

⑤

1. 가 : 팬 사인회에 사람이 그렇게 많이 모였다면서요?

   나 : 서 있을 데_____

2. 가 : 이번 사고의 인명 피해가 어느 정도입니까?

   나 : 생사_____

3. 가 : 공동생활이니까 좀 주의하라고 제가 그 사람한테 이야기할게요.

   나 : 그 사람은 정말 기본적인 것_____

4. 가 : 형편이 어려워도 수술해야 할 텐데…….

   나 : 수술은 꿈_____

5. 가 : '치매'가 그렇게 무서운 병인가요?

   나 : _____

6. 가 : 회사가 망했는데 퇴직금은 받았어요? (퇴직금은커녕 밀린 월급)

   나 : _____

1 알맞은 조사를 고르십시오.

> ~말고도   ~말고는   ~보고   ~(으)로
>
> ~에   ~에다가   ~(이)나   ~조차   ~커녕

1. 그 가수는 그 노래(   ) 별로 히트곡이 없다.

2. 한복(   ) 구두를 신는 건 좋은 옷차림이 아니지요.

3. 암(   ) 사망하는 사람의 수가 해마다 늘고 있다.

4. 젊은 여자(   ) 아가씨라고 하면 안 되는 거예요?

5. 아무 데에서(   ) 큰 소리로 휴대전화를 사용하는 사람이 있다.

6. 그림 잘 그리는 것(   ) 재주가 얼마나 많다고요.

7. 비가 오기는(   ) 구름 한 점 없이 맑은 날이다.

8. 그 지역은 피해가 하도 커서 정부에서(   ) 복구를 포기한 상태이다.

9. 저 혼자서 쓰기(   ) 집이 너무 커서 이사할까 해요.

10. 보고서 한 장만 쓰면 되니까 다 한 것(   ) 다름없어요.

2 단어의 의미가 알맞은 것을 고르십시오.

1. 따르다   • ① 웃어른을 만나러 가서 보다

2. 변하다   • ② 갈 곳을 몰라 이리저리 돌아다니다

3. 이르다   • ③ 바뀌다 / 달라지다

4. 찾아뵙다   • ④ 빛나고 아름답다

5. 헤매다   • ⑤ 다른 사람의 뒤에서 가다 / 그 수준에 도달하다

6. 화려하다   • ⑥ 정한 시간보다 빠르다

3 맞는 것을 고르십시오.

1. 고민 끝(으로, 에) 내린 결정이니까 후회하지 않을 거예요.

2. 목소리가 아름답기(로는, 에는) 조수미를 따를 성악가가 없어요.

3. 지난여름 이상 고온(에서, 으로) 목숨을 잃은 사람도 있다.

4. '이웃사촌'이란 친척(이나, 처럼) 다름없는 이웃을 말해요.

5. 아이들의 그림(을, 으로, 에) 통해서 심리 상태를 알아보는 방법이 많이 쓰인다.

6. 조금만 더 일찍 (왔더라면, 오더라도) 만날 수 있었을 텐데.

7. 한마디로 (말하려면, 말하자면) 지금 상황에선 불가능하다는 말이지요.

4 다음 유형을 사용하여 두 문장을 연결하십시오.

> ~ 끝에 / ~던 끝에   ~는 바람에   ~자면
>
> ~고 해서   ~았/었/였더라면   ~(으)면서도

1. 못 보고 그냥 갔어요. 아쉬울 뻔했어요.

   → _____

2. 거래하던 회사가 부도가 났어요. 우리까지 어려워진 거예요.

   → _____

3. 집에 갔다 온 지도 오래됐어요. 한번 갔다 오려고 해요.

   → _____

4. 한편으로 기쁘고 좋습니다. 한편으로는 걱정이 되기도 합니다.

   → _____

5. 상황을 자세히 설명합니다. 너무 기니까 간단히 말씀드릴게요.

   → _____

6. 오랜 세월 방황했어요. 이제 새로운 삶을 살게 되었다.

   → _____

해답

1과

① 1. 성과 이름을 합친 것, 성을 뺀 이름 만을 의미하는 것
2. 한글로 지은 이름이 많아지고 돌림자를 넣어 이름을 짓는 전통 등은 사라지고 있다.
3. ③　　4. (자유 작문)

② 1. ⑦　2. ②　3. ⑥　4. ④　5. ⑨
6. ⑤　7. ⑧　8. ③　9. ①

③ 1. 좋아지고 있다니 다행이네요.
2. 두 회사에서 합격통지서가 왔다니 부럽네요.
3. 사실이 아니라니 화가 나네요.
4. 고향에 돌아간다니 섭섭하네요.
5. 다시 해 가지고 오라니 너무하네요.
6. 마음에 드신다니 잘됐네요.

④ 1. 아직 초보인걸요.
2. 예쁜걸요.
3. 제 일인걸요. (당연히 해야 하는 일인걸요.)
4. 집에서는 안 하는걸요.
5. 별로 없는걸요.
6. 한 시간이나 걸린걸요.

⑤ 1. 다른 사람들에 비해서 잘 못해요.
2. 예년에 비해서 더워요.
3. 투자한 돈에 비해서 많이 버셨네요.
4. 공부한 기간에 비해서 잘하시는 거예요.
5. 과거에 비해서 늘었어요.
6. 작년에 비해서 줄었어요.

2과

① 1. ②마루　　2. ①지붕　　3. ④부엌　　4. ⑤장독대
　5. ⑦대문　　6. ⑧안방　　7. ⑥마당　　8. ③담

② 1. 귀찮기는요. / 죄송하기는요.
　2. 천천히 해도 되기는요. / 시간이 많이 남기는요.
　3. 좋기는요.
　4. 힘들기는요.
　5. 스트레스가 쌓이지 않기는요. 머리가 아픈걸요.
　6. 감사하기는요. 초대해 주셨는데 제가 감사드려야죠.

③ 1. 늦었어요.　　　　　　　　　　2. 집에만 있었어요./다른 일은 못했어요.
　3. 컴퓨터 사느라고 / 해외여행을 하느라고　4. 집을 찾느라고
　5. 밀린 일 하느라고　　　　　　　6. 취직 준비하느라고
　7. 여러 가지 정리하느라고 바빠요.　8. 손님과 상담하느라고 늦었어요.

④ (자유 작문)

3과

① 1. ④　　2. ①　　3. ②　　4. ①
　5. 차린 건 없지만 많이 드세요.
　6. 잘 먹겠습니다. 잘 먹었습니다.
　7. 음식이 입에 잘 맞을지 모르겠어요.
　　맛있군요. 둘이 먹다가 하나가 죽어도 모르겠네요.

② 1. 잘 지내는지 모르겠어요.
　2. 잘할 수 있을지 모르겠어요. / 가게가 잘될지 모르겠어요.
　3. 수술이 잘됐는지 모르겠어요.
　4. 맞을지 모르겠어요.

5. 마음에 드실지 모르겠어요.

6. 제가 실례하지 않았는지 모르겠어요.

7. 많이 다치지 않았는지 모르겠어요.

③ 1. 아닌가 봐요.   2. 오실 건가 봐요.

3. 아프신가 봐요.   4. 싫지 않은가 봐요.

5. 여나 봐요. / 열지 않나 봐요.   6. 많았나 봐요.

7. 났나 봐요.   8. 않았나 봐요.

④ 1. 식당 문이 잠겨 있는 걸 보니까 오늘 안 하나 봐요.

2. 하루 종일 한 마디도 안 하시는 걸 보니까 기분이 안 좋으신가 봐요.

3. 음식을 남긴 걸 보니까 맛이 없나 봐요.

4. 집도 사고 큰 차도 산 걸 보니까 돈을 많이 벌었나 봐요.

5. 친구가 일찍 돌아온 걸 보니까 마음에 안 드나 봐요.

6. 시험 성적을 말하지 않는 걸 보니 성적이 나쁜가 봐요.

4과

① 1. 두 손으로 따릅니다.   2. 두 손으로 받습니다.

3. 옆으로 돌아앉아서 마십니다.   4. 건배, 부딪칩니다.

5. 잔이 비면   6. 안주, 해장국

② (자유 작문)

③ 1. 메모해 두는   2. 놓아 두세요. / 놔 두세요.

3. 외워 두세요.   4. 넣어 두

5. 자 두세요.   6. 보관해 두는 거예요.

④ 1. 우리 팀은 공격력은 강한 반면에 수비가 약한 편입니다.

2. 북쪽 음식은 양념이 적고 좀 싱거운 반면에 남쪽은 짜고 매워요.

3. 낮에는 손님이 없어서 한가한 반면에 저녁때가 되면 손님으로 붐벼요.

4. 수학과 과학 성적은 좋지 않은 반면에 국어와 사회 성적은 잘 나왔어요.

5. 국내 관광객 수는 준 반면에 외국인 관광객이 많이 늘었습니다.

6. 과일, 채소 가격은 오른 반면에 공산품 가격은 내렸습니다.

⑤ 1. 부산이 크지요.　　　　　　　2. 장난치지요.

3. 물론이지요. / 교환해 드리지요.　4. 해 보지요.

5. 남자가 먼저 사과하지요.　　　　6. 오늘이 무슨 요일이지요?

7. 언제 돌아오시지요?　　　　　　8. 어디서 만나기로 했지요?

5과

① (자유 작문)

② 1. 합의　　　　　　2. 애매한

3. 손해를 보　　　　4. 검토

5. 보상　　　　　　6. 책임을 지

7. 분명하　　　　　8. 까다로우셔서

③ 1. 반가워하시던데요.　　2. 끝났던데요.

3. 않던데요.　　　　　4. 없던데요.

5. 잘하던데요.

④ 1. 멋있던데요.　　　　　　2. 나가던데요.

3. 잘하시던데요.　　　　　4. 제가 찾는 물건이 없던데요.

5. 맵지 않던데요.　　　　　6. 안 왔던데요.

⑤ 1. 한국말이 늘지 않아요.　　　2. 손님이 많아요.

3. 비싼데도　　　　　　　　4. 많이 먹지 않는데도

5. 많이 입었는데도 춥네요.　　6. 많이 잤는데두 졸리네요.

⑥ 1. 오래되면 오래될수록　　　2. 보면 볼수록

3. 배우면 배울수록　　　　　4. 마시면 마실수록 깊은 맛이 있어요.

5. 발전하면 발전할수록 오히려 문제가 생깁니다.

6. 크면 클수록 말을 안 들어요.

복습 (1과 ~ 5과)

① 1. 두세요 → 계세요 / 가지고 → 보관해   2. 지내지 않는지 → 지내는지

3. 오느라고 → 와서 / 전화가 와서 → 전화하느라고

4. 재미없은가 → 재미없나

5. 멋있었던데요 → 멋있던데요, 찍었던데요 → 찍었어요

6. 3급을 → 3급에

② 1. 점점   2. 원래   3. 절대로   4. 오히려   5. 역시

③ 1. 무슨 생각을 하느라고 두 번이나 불러도 못 들어요?

2. 그 일을 생각할수록 머리가 아파요.

3. 나를 그 정도밖에 생각하지 않는다니 섭섭하네요.

4. 형은 말이 없고 생각이 깊은 반면에 동생은 활발해요.

5. 한 시간이나 생각했는데도 정답을 모르겠어요.

④ 1. 자랐대요, 자랐나 봐요

2. 닫을 거래요, 닫는다고요?, 닫을 거라던데요

3. 두었는데, 놓았는데

4. 하느라고, 때문에

5. 감사하기는요, 제가 감사한걸요, 제가 감사하지요.

6과

① 1. 납부   2. 연체   3. 공과금   4. 청구서   5. 적금

② 1. ① ×   ② ○   ③ ○   ④ ○   ⑤ ×

2. 고지서

③ **1.** 기쁘고말고요.   **2.** 고맙고말고요.

     3. 되고말고요.   **4.** 어렵지 않고말고요.

     5. 올려 주고말고.   **6.** 해 드리고말고요.

④ **1.** 이사할까 해요.   **2.** 어떻게 할까 생각중이에요.

     3. 친구들하고 놀러 갈까 해요.

     4. 집을 좀 알아볼까 하고 왔는데요.

     5. 사 먹을까 하다가 집에서 먹었어요.

     6. 부탁할까 하다가 김 대리가 바쁜 것 같아서 제가 했어요.

⑤ **1.** 닫아 놓았습니다.   닫혀 있습니다.

     2. 꽂아 놓았습니다.   꽂혀 있습니다.

     3. 걸어 놓았습니다.   걸려 있습니다.

     4. 책을 쌓아 놓았습니다.   책이 쌓여 있습니다.

     5. 깔아 놓았습니다.   깔려 있습니다.

     6. 써 놓았습니다.   쓰여 있습니다.

     7. 잠가 놓았습니다.   잠겨 있습니다.

     8. 묶어 놓았습니다.   묶여 있습니다.

7과

① **1.** 처리   **2.** 담당자   **3.** 피해   **4.** 가입   **5.** 제출

② **1.** ③   **2.** ②   **3.** ①

③ **1.** 슈퍼마켓에서 김치를 사다가 먹었어요.

     2. 서류를 복사해다가 책상 위에 놓았어요.

     3. 비디오를 빌려다가 보았어요.

     4. 꽃을 꺾어다가 꽂아 놓았어요.

     5. 자판기에서 커피를 뽑아다가 마셨어요.

     6. 친구한테서 강아지를 데려다가 키웠어요.

④ 1. 다시는 얼굴도 보고 싶지 않을 정도로 그 사람이 싫어요.
2. 대회에 나가서 상을 받을 정도로 무용을 잘해요.
3. 서 있을 데도 없을 정도로 사람이 많아요.
4. 입원할 정도로 몸이 안 좋지는 않아요.
5. 두 번이나 볼 정도로 재미있지는 않아요.
6. 차를 타야 할 정도로 멀지는 않아요.

⑤ 1. 출력할 수 있을걸요.   2. 같이 버리면 안 될걸요.
3. 100점 받기 어려울걸요.   4. 못 이길걸요. / 내가 이길걸요.
5. 나오기 어려울걸요.   6. 끝났을걸요.

8과

① 1. 문의   2. 등록   3. 마감   4. 수업료   5. 신청서

② 1. ① ×   2. ○   3. ×   4. ×   5. ○

③ 1. 노래말고도 잘하는 게 많아요.
2. 뉴욕말고도 여러 곳에 지사가 있습니다.
3. 제주도 말고도 유명한 관광지가 많이 있어요.
4. 속도가 빠른 거말고도 좋아진 게 많이 있죠.
5. 청바지말고도 치마에 입어도 예쁠 것 같은데요.

④ 1. (돈을 많이 벌 수 있다면)   2. (모든 사람이 행복한 세상이 온다면)
3. (다시 태어난다면)   4. (병을 완전히 고칠 수 있다면)
5. (당신과 함께 있을 수 있다면)   6., 7. (자유 작문)

⑤ 1. 한국말을 못 알아들을 때는 영어를 쓸 수밖에 없습니다.
2. ~ 거짓말을 할 수밖에 없습니다.
3. ~ 이 방법을 쓸 수밖에 없습니다.
4. 그때는 그 사람의 말을 믿을 수밖에 없었어요.

5. 사실대로 말할 수밖에 없었어요.

6. 수술할 수밖에 없어요.

9과

①
1. ④

2. 산사

3. 산사에서 일상생활을 하면서 마음의 휴식을 취하고 전통문화를 느낄 수 있는 문화 프로그램

4. 기본예절과 걸음걸이, 밥 먹는 법, 절하는 법, 말하지 않기 등

5. 경쟁과 긴장 속의 자신을 잊고 마음을 비우고 자신을 돌아보는 시간이 되어서 좋았다. 휴식을 취할 수 있어서 좋았다.

6. ②

②
1. 정부 발표에 의하면 4% 라고 합니다.

2. 전문가 말에 의하면 오를 거라고 합니다.

3. 친구들 말에 의하면 결혼할 거라고 하던데요.

4. 여론조사에 의하면 두 후보가 비슷하다고 하던데요.

5. 외신 보도에 의하면 엔진에 이상이 있었다고 하던데요.

6. 의사 말에 의하면 수술하면 고칠 수 있대요.

③
1. 5년 만에

2. 사흘 만에 돌아왔어요.

3. 한 달 만에 집으로 돌아왔습니다.

4. 문을 연 지 한 달 만에

5. 얼마 만에 돌아가신 거예요?

6. 만난 지 얼마 만에 결혼하셨어요?

④
(자유 작문)

10 과

① 1. ②　　2. ③　　3. ①　　4. ④

② 1. 두드리다　　2. 북, 장구, 징, 꽹과리　　3. ③

③ 1. 어떻게 할까

2. 취직을 할까 유학을 갈까 생각 중이에요.

3. 살까 말까

4. 밥부터 먹을까 영화부터 볼까 생각 중이에요.

5. 그만둘까 말까 생각 중이에요.

6. 외국으로 갈까, 제주도로 가기로 했어요.

④ 1. 먹을 만한

2. 읽어 볼 만해요.

3. 서울에서 가 볼 만한 곳

4. 살 만한 물건이 있어요?, 살 만한 물건이 없던데요.

5. 20만 원 주고 갈 만한 것 같아요. / 볼 만했어요.

6. 요즘 볼 만한 영화가 어떤 게 있어요?

⑤ 1. 아무 데도　　　　　　2. 아무한테도

3. 아무도　　　　　　　4. 아무 것도

5. 아무 일도 없어요.　　　6. 아무 말씀도 안 하셨는데요.

7. 아무 연락도 없었는데요.　8. 아무 계획도 안 세웠는데요.

복습 (6 과 ~ 10 과)

① 1. 빌리다가 → 빌려다가　　2. 있는다면 → 있다면

3. 수술했는지 → 수술한 지　　4. 나가서 → 나가

5. 열어 → 열려, 닫혀 → 닫아　6. 기쁘지 → 기쁘고

7. 의해서 → 의하면

② **1.** 거의 **2.** 여간 **3.** 일부러 **4.** 아무래도 **5.** 이미 **6.** 일단

③ **1.** 생겨서 **2.** 나서 **3.** 나왔어요 **4.** 생겨서 **5.** 생기면 **6.** 난, 났어요

④ **1.** ③ **2.** ④ **3.** ② **4.** ⑤ **5.** ①

⑤ **1.** 길에서 종이나 병을 주워다가 팔아서 돈을 벌어요.
2. 병아리를 사 온 지 이틀 만에 죽어 버렸어요.
3. 대학생들이 할 만한 아르바이트가 많지 않아요.
4. 사랑하는 사람과 같이 있을 수 있다면 힘든 건 참을 수 있어요.
5. 사정이 있어서 못 간다고 말할까 하고 있어요.
6. 한 번 보거나 들은 건 잊어버리지 않을 정도로 기억력이 좋아요.

11과

① (자유 작문)

② (자유 작문)

③ **1.** 얼마간 쉬고 싶을 따름이에요.
2. 당황스러울 따름이에요.
3. 감사할 따름이에요.
4. 그저 낭비를 하지 않을 따름이에요.
5. 회사를 그만두고 싶을 따름이에요.
6. 저는 위에서 시키는 대로 했을 따름인데요.

④ **1.** 여자들 못지않게 잘해요.
2. 실력이 요리사 못지않게 요리를 잘하세요.
3. 대학생 못지않아요.
4. 대기업 못지않은 회사예요.
5. 동생도 형 못지않아요.
6. 저번 매니저 못지않게 까다로워요.

⑤ **1.** 못 본 척했어요.　　**2.** 알아들은 척했어요.

3. 맛있는 척했어요.　　**4.** 화난 척한 거예요.

5. 자는 척해요. / 못 들은 척해요.

6. 급한 일이 있는 척하고 먼저 가요.

12과

① **1.** ②　　**2.** ④　　**3.** ③　　**4.** ①　　**5.** ⑥　　**6.** ⑤　　**7.** ⑦

② **1.** 미술관 관람 방법(미술관에서 작품 감상하는 방법)

2. ②

3. ① ×　　② ×　　② ○　　② ○

③ **1.** 공원 같은 데서 했어요.

2. 잡채 같은 요리에 사용돼요.

3. 문학이나 역사 같은 것을 공부합니다.

4. 죽 같은 거 드셔야겠네요.

5. 의사나 교사 같은 직업을 말해요.

6. 명동이나 경복궁 같은 데 갑니다.

④ **1.** 화난 줄 알았어요.　　**2.** 무슨 일 있는 줄 알았어요.

3. 없는 줄 알고　　**4.** 다 먹은 줄 알고

5. 손님이 많이 올 줄 알았어요.　　**6.** 쌍둥이인 줄 알았어요.

⑤ **1.** 끝나려면 아직 멀었어요.　　**2.** 어머니 솜씨 따라가려면 멀었어요.

3. 밥 다 되려면 멀었어요.　　**4.** 제대하려면 멀었어요.

5. 적금 타려면 멀었어요.　　**6.** 꽃이 피려면 멀었어요.

13과

① 1. 고향 집에 가서 부모님과 친척들을 만납니다.
2. 설날 아침에 차례를 지냅니다.
3. 산소에 가서 성묘를 합니다.
4. 어른들께 세배를 합니다.
5. 떡국을 먹고 윷놀이도 합니다.

② (자유 작문)

③ 1. 잘 못하더라도   2. 좀 늦더라도
3. 실망하지 마세요.   4. 열심히 하세요.
5. 살지 못했을 거예요.   6. 잘해 주었더라도
7. 대학에 안 가더라도 공부를 해야지요.
8. 잘못한 게 없더라도 사과하는 게 어때요?

④ 1. 수혁아 2. 갔었어 3. 거야 4. 했잖아 5. 어제 6. 잊어버렸어
7. 있나 봐 8. 잊어버려 9. 안 돼 10. 글쎄 말이야 11. 놓아야겠어
12. 내가 13. 마 14. 난 15. 미안하지 16. 드려 17. 응 / 그래
18. 알겠어 19. 만나(자) 20. 아니야 21. 너를 22. 없는데 23. 그래
24. 놀려 25. 나와 26. 봐 / 보자 27. 응 / 그래 27. 잘 가

14과

① 1. 햅쌀, 햇과일
2. ③
3. ㈎ 씨름   ㈏ 널뛰기   ㈐ 보름달

② 1. 미리 준비하
2. 잃어버리지 않도록
3. 도둑이 들지 못하도록
4. 네, 술 담배를 끊도록 하세요.

5. 각자 알아서 내도록 하세요.

6. 판매량을 늘리도록 노력합시다.

7. 앞으로는 이런 사고가 생기지 않도록 조심하세요.

8. 기분 나빠하지 않도록 잘 얘기하세요.

9. 감기가 폐렴이 되도록

10. 저녁 6시가 지나도록

3
1. 손이 발이 되도록 **2.** 코가 비뚤어지도록

3. 목이 빠지도록 **4.** 목이 터지도록

5. 배가 터지도록

4
1. 월급쟁이였답니다 **2.** 아니랍니다 **3.** 살았답니다

4. 먹는답니다 **5.** 생활한답니다 **6.** 않답니다

15과

1 **1.** ③ **2.** ① **3.** 어깨는 점점 무거워진다 **4.** (자유 작문)

2 **1.** 집에 없는 모양입니다.

2. 영화를 잘 만든 모양입니다.

3. 오지 않을 모양입니다.

4. 수술 결과가 좋은 모양입니다.

5. 좋은 차도 산 걸 보니 사업이 잘되는 모양입니다.

6. 연락이 없는 걸 보니 떨어진 모양이에요.

3 **1.** 아무 거나 잘 먹어요. **2.** 아무 때나 와.

3. 아무 옷이나 입을 수는 없잖아요. **4.** 아무 거나 누르지 마.

5. 아무한테나 반말을 쓰면 안 돼요. **6.** 아무 데나 두면 안 돼요.

7. 아무 노래나 부르세요. **8.** 아무한테나 질문해도 돼요?

복습 (11과 ~ 15과)

① 1. 설렁탕처럼 → 설렁탕 같은   2. 멀어요 → 멀었어요

3. 저보고 → 저한테   4. 아무나 → 아무도

5. 자는 것을 척했어요 → 자는 척했어요.

6. 아무 → 모든 / 아무 나라는 → 어느 나라든지

② 1. 더, 덜   2. 여간, 꽤   3. 꽉   4. 제대로

③ 1. ③   2. ①   3. ⑥   4. ④   5. ②   6. ⑤

④ 1. 이사 간 줄 알았어요.   2. 애인이 있는 척하면 되잖아요.

3. 주인이 휴가 간 모양이에요.   4. 저는 시키는 일을 할 따름이에요.

5. 졸업하려면 아직 멀었다.

⑤ 1. 형의 부인보고 형수라고 부릅니다.

2. 아버지의 여동생보고 고모라고 부릅니다.

3. 어머니의 여동생보고 이모라고 부릅니다.

4. 언니의 남편보고 형부라고 부릅니다.

5. 아버지의 형님보고 큰아버지라고 부릅니다.

16과

① 1. 30℃의 물로 세탁할 수 있음

2. 약하게 짤 것(약하게 짜야 함)

3. 물로 세탁할 수 없음

4. 옷걸이에 걸어서 그늘에 말릴 것

5. 40℃의 물로 세탁기로 세탁할 수 있음

6. 다리미의 온도를 180~210℃로 할 것

② 1. ④   2. ②   3. ①   4. ③

③ 1. 바닥에, 바닥에다가, 의자에   2. 상추에, 상추에다가
3. 학교에, 학교에다가, 집에   4. 책에, 책에다가   5. 옷에
6. 방에서, 책상 위에, 책상 위에다가 7. 150 에, 150 에다가, 수에서

④ 1. 미리 전화도 없이 손님을 데리고 오면 어떻게 해요?
2. 같이 가기로 해 놓고 혼자 가 버리면 어떻게 해요?
3. 다른 사람에게 말해 버리면 어떻게 해요?
4. 불고기 양념에 마늘을 안 넣으면 어떻게 해요?
5. 문을 안 잠그고 나오면 어떻게 해요?
6. 어른 약을 아이한테 먹이면 어떻게 해요?

⑤ 1. 잊어버릴까 봐서   2. 싫다고 할까 봐서
3. 적응하지 못할까 봐   4. 표가 없을까봐 미리 예약했어요.
5. 시계 소리를 못 들을까 봐 6. 엄마한테 야단맞을까 봐 안 보여 드려요.
7. 살찔까 봐 그만 먹어요.   8. 떨어질까 봐 걱정했었어요.

17 과

① 1. ④   2. ③   3. ①   4. ③

② 1. 저장   2. 삭제   3. 접속   4. 첨부파일   5. 검색

③ 1. 원래 회사 일이 많은 데다가 밀린 일까지 하느라고 병이 났다.
2. 옛날부터 집이 부자인 데다가 사업을 해서 큰돈을 벌었대요.
3. 눈이 온 데다가 기온이 많이 떨어져서 길이 아주 미끄러워요.
4. 월급이 오른 데다가 특별 보너스까지 합치니까 꽤 많네요.
5. 요즘 안 좋은 일이 있어서 그런 것 같아요.
6. 어학에 재능이 있는 데다가 진짜 열심히 해요.
7. 원래 저하고 안 맞는 데다가 지난번 일로 더 나빠졌어요.

④ 1. 성공하는 법이다.
2. 아랫사람도 잘하는 법이다.

3. 상대방도 친절하게 대하는 법이다.

4. 결과가 나오는 법이다.

5. 시간이 지나면 잊어버리는 법이에요.

6. 나이 먹으면 철이 드는 법이에요.

7. 힘든 일이 지나면 좋은 일이 찾아오는 법이에요.

⑤ **1.** 덕분에 잘하고 있습니다.

2. 그 친구(가 살림살이를 준) 덕분에 우리 집이 좋아졌어요.

3. 친구들(이 도와 준) 덕분에 수술할 수 있었어요.

4. 네, 덕분에 잘 되고 있습니다.

5. 네, 선배(가 태워다 주는) 덕분에 아주 편하게 다니고 있어요.

6. 제가 피아니스트가 될 수 있었던 것은 어머니 덕분입니다.

18 과

① **1.** 긴 통화 요금　**2.** 표준 요금　**3.** 스페셜 요금　**4.** 우리끼리 요금

② **1.** 부재중수신번호　**2.** 최근발신번호　**3.** 최근수신번호　**4.** 전화번호등록

③ **1.** 짧게 자르지 그래요?

2. 병원에 가서 검사해 보지 그래요?

3. 인터넷으로 알아보지 그래요?

4. 조금만 달라고 말하지 그랬어요?

5. 하고 싶은 말을 하지 그랬어요?

6. 같이 하자고 말하지 그랬어요?/ 피곤할 텐데 오늘은 좀 쉬지 그래요?

④ **1.** 한국어말고는 할 줄 아는 외국어가 없어요.

2. 그 방법말고는 다른 방법이 없어요.

3. 서울말고는 가 본 데가

4. 말고는 좋은 점이 없어요.

5. 소화가 안되는 것말고는 다 괜찮아요.

6. 말고는 안 울어요.

⑤ **1.** 친구하고 떠들다가 **2.** 쉬지 않고 일하다가
3. 그렇게 빨리 하다가 **4.** 감기 걸리면 어떻게 해요?
5. 큰일 나겠어요. **6.** 염색도 했어요.
7. 분위기를 더 망쳐 버렸어요. **8.** 친구하고 얘기하다가 알게 됐어요.
9. 동창 모임에 나갔다가 만났어요. **10.** 과속하다가 딱지를 뗐어요.

19 과

① **1.** 떨어졌어요 **2.** 전조등, 들어와요 **3.** 방향지시등
4. 경적 **5.** 꺼지, 걸리는 **6.** 작동
7. 밟을, 흔들려요

② **1.** 차선 위반 **2.** 음주 운전 **3.** 불법 주차
4. 과속(속도 위반) **5.** 졸음운전

③ **1.** 하곤 하지요 **2.** 가곤 했어요 **3.** 잡곤 했어요
4. 듣곤 했지요 **5.** 치곤 했는데 **6.** 치곤 합니다
7. 가곤 했었어요 **8.** 가곤 합니다

④ (자유 작문)

⑤ **1.** 웬 바람이 이렇게 불어요?
2. 웬 차가 이렇게 막혀요?
3. 웬 음식을 이렇게 많이 차렸어요?
4. 웬 꽃다발을 이렇게 많이 받았어요?

⑥ **1.** 사용 방법이 얼마나 복잡한지 몰라요.
2. 어제 개그프로그램 보면서 얼마나 웃었는지 몰라요.
3. 아이들이 말을 얼마나 안 듣는지 몰라요.
4. 대답할 때 얼마나 떨렸는지 몰라요.
5. 엘리베이터 안에서 얼마나 무서웠는지 몰라요.

6. 얼마나 찾았는지 몰라요.

20 과

(①) **1.** 현금 입금　　**2.** 예금 출금　　**3.** 계좌 이체　　**4.** 잔액 조회

(②) (자유 작문)

(③) **1.** 노인이나 몸이 불편한 사람들을 위해서 만들었어요.
2. 미래를 위해서 하는 거지요.
3. 앞을 못 보는 사람들을 위한 책입니다.
4. 을 위해서 고생하십니다.
5. 매운 걸 싫어하는 분들을 위해서

(④) **1.** 주위의 관심을 끌기 위해서 일부러 잘못된 행동을 하는 아이들이 있다.
2. 올림픽 기간 동안 도심 교통난을 막기 위해서 자동차 10 부제를 실시합니다.
3. 자신의 꿈과 목표를 이루기 위해서 노력하는 사람들의 이야기를 쓴 책이다.
4. 잊어버리지 않기 위해서 달력에 빨간색 동그라미를 해 놓았어요.
5. 소비자에게 제품을 알리기 위해서 비싼 비용으로 광고를 한다.

(⑤) **1.** 먼저 가 볼게요. 이따가 전화 드릴게요.　　**2.** 제가 도와 드릴게요.
3. 내가 돈 빌려 줄게.　　**4.** 제가 마중 나갈게요.
5. 안 그럴게요.(그러지 않을게요.)　　**6.** 농담 안 할게.

복습 (16 과 ~ 20 과)

(①) **1.** 지낼까 봐 → 지내는지 / 지낼까
2. 놓았지 그래요 → 놓지 그랬어요
3. 말고는 → 말고도 (또는, 있어요 → 없어요)
4. 새우곤 해요 → 새우곤 했어요.

5. 여기에다가 → 여기에

6. 엄마가 야단치셨어요 → 엄마한테 야단맞았어요

② 1. 완전히   2. 통, 막   3. 하긴   4. 겨우
5. 하도   6. 막   7. 혹시   8. 절대로

③ 1. ④   2. ③   3. ②   4. ⑥   5. ⑧   6. ①   7. ⑤   8. ⑦

④ 1. 그 섬은 기온이 높은 데다가 여름엔 습도까지 높아서 지내기가 힘들어요.
2. 체력을 기르기 위해서 아침마다 공원에서 달리기를 하고 있어요.
3. 인사동에 구경하러 갔다가 이 도자기를 샀어요.
4. 아시아에서는 중국말고는 가 본 데가 없어요.
5. 수업 시간에 만화책 보다가 선생님한테 혼난 적이 있어요.
6. 많이 도와주신 덕분에 일이 잘 끝났습니다.

21과

① (자유 작문)

② 1. ① 식욕   ② 구토   ③ 부작용   ④ 증가   ⑤ 영양   ⑥ 신경   ⑦ 자신감

③ 1. 부엌일은커녕
2. 식사도 제대로 못하는데요.
3. 4급은커녕 3급도 어려울 것 같아요.
4. 비가 오기는커녕
5. 빨리 가라고 하던데요.
6. 관광은커녕 날마다 늦게까지 일했어요.

④ 1. 같으면 야단치실 텐데.
2. 같으면 남았을 텐데.
3. 같으면 어떻게 해서든지 못 가게 잡을 거야.

4. 같으면 모르지만 이 일은 워낙 중요한 일이라서요.

5. 같으면 며칠밖에 못 먹을 양인데.

6. 같으면 고기를 못 먹어서 건강이 안 좋을 텐데.

⑤ 1. 재미있는 얘기도 해 가면서 해야겠네요.

2. 사전 찾아 가면서 하니까 시간이 걸리네요.

3. 서로 도와 가면서 살아야지요.

4. 상황을 봐 가면서 하기로 했어요.

5. 청중의 반응을 봐 가면서 바꾸세요.

6. 좀 쉬어 가면서 하세요.

22 과

① (자유 작문)

② 1. 영화 '○○○' 같이 보러 갈래요?　2. 이것 좀 맡아 주실래요?

3. 더 드실래요?　　　　　　　　　4. 나갈래요.

5. 말 안 할래요.　　　　　　　　　6. 전 이 모임에서 빠질래요.

③ 1. 브레이크를 밟는다는 게 가속 페달을 밟았어요.

2. 8층에서 내린다는 게 7층에서 내렸어요.

3. 맛있게 만든다는 게 더 맛이 없게 돼 버렸어요.

4. 30분만 잔다는 게 두 시간이나 잤어요.

5. 좋은 말로 주의를 준다는 게 화를 내고 말았어요.

6. 한 숟가락만 먹는다는 게 아이스크림 한 통을 다 먹어 버렸어요.

④ 1. 넘어가고 말았습니다.　　　　　2. 지고 말았습니다.

3. 못하고 말았습니다.　　　　　　4. 일어나고 말았습니다.

⑤ 1. 숨지고 말았습니다.　　　　　　2. 놓치고 말았습니다.

3. 헤어지고 말았습니다.　　　　　4. 또다시 생기고 말았습니다.

5. 이루지 못하고 말았습니다.　　　6. 실패로 끝나고 말았습니다.

23 과

① 1. ②   2. ①   3. ④   4. ③

② (자유 작문)

③ 1. 둘이 먹기에는   2. 코트 입기에는 따뜻해요.
3. 걸어서 가기에는 멀어요.   4. 4급 학생이 읽기에 좀 어려워요.
5. 저녁 먹기에는 이른 시간이에요.   6. 둘이 살기에 아파트가 낫지요.

④ 1. 그럼 3일 동안 휴일이라는 말이에요?
2. 그럼 그 얘기가 거짓말이었단 말이에요?
3. 빠졌다는 말이에요?
4. 헤어지자는 말이에요?
5. 그럼 내가 잘못했다는 말이에요?
6. 일한다는 말이에요?

⑤ 1. 뭔가 먹으려던 참이었는데.
2. 그렇지 않아도 전화하려던 참이었어요.
3. 저도 돈 찾으러 가려던 참이었어요.
4. 치우려던 참이에요.
5. 그렇지 않아도 한마디 하려던 참이에요.
6. 안 그래도 보러 가려던 참이에요.

24 과

① 1. ①   2. ④
3. 건강검진은 검진 받는 사람의 나이와 성별에 따라 그리고 가족 병력이나 생활 패턴 등을 의사와 상담한 후 필요한 검사만 받는 게 가장 좋은 방법일 것이다.

② 1. 심장   2. 폐   3. 위   4. 간   5. 장

③ 1. 살기 마련이에요.

2. 처음에는 떨리기 마련이에요.

3. 완벽하게 하려고 해도 문제가 생기기 마련이에요.

4. 누구든지 부부싸움을 하기 마련이에요.

5. 소문은 나기 마련이에요.

6. 환경에 따라 변하기 마련이에요.

④ 1. 정말이라니까요.   2. 맞는다니까요.

3. 알았다니까요.   4. 담배 끊었다니까요.

5. 조심하라니까요.   6. 같이 가자니까요.

⑤ 1. 조깅을 하든지 수영을 하든지

2. 약을 먹든지 병원에 가든지

3. 연필로 쓰든지 볼펜으로 쓰든지 상관없어요.

4. 하든지 말든지

5. 정장을 하든지 편한 옷을 입든지 다 괜찮을 거 같아요.

6. 우편으로 보내시든지 직접 가지고 오시든지 하세요.

7. 야단을 치든지 상담을 하든지 부모님한테 연락을 하든지 합니다.

25 과

① 1. ④   2. ②   3. ③

4. 어머니가 살아 계신 사람은 붉은 카네이션을 드리고, 어머니가 계시지
   않은 사람은 흰 카네이션을 자기 가슴에 답니다.

② 1. 키만 크지 아이예요.

2. 포장만 화려하지 내용은 별로 좋은 거 아니에요.

3. 가사만 알지 부르지는 못해요.

4. 학교에서만 쓰지 집에서는 안 써요.

5. 휴게실은 쉬는 데지 담배 피우는 데가 아니에요.

6. 숙제는 집에서 하는 거지 학교에서 하는 게 아니에요.

③ 1. 외국인에 한해서 할인됩니다.
2. 평일에 한해서만 쓸 수 있습니다.
3. 현금으로 사는 경우에 한해서 할인이 됩니다.
4. 무주택자에 한해서 할 수 있어요.
5. 5년 이상 거주한 사람에 한해서 취득할 수 있습니다.
6. 한복 입은 사람에 한해서 무료입니다.

④ 1. 다 같이 먹게
2. 안 떨어지게
3. 이따가 다른 식구도 먹게
4. 미리 알지 못하게
5. 외국 사람들이 읽을 수 있게
6. 타지 않게

복습 (21과 ~ 25과)

① 1. 에   2. 해   3. 있기   4. 말라는   5. 같으면
6. 앉게   7. 다니까요, 단 말이에요

② 1. 굉장히   2. 한꺼번에   3. 괜히   4. 당장   5. 얼른   6. 괜히

③ 1. 신경을 써요   2. 상하니까   3. 눈에 띄는
4. 알아서 했어요   5. 굉장하던데요   6. 곤란한데요
7. 후회해도   8. 빠졌어요, 늘었어요

④ 1. 재미있기는커녕 지루해서 잠만 오던데요.
2. 연락한다는 게 깜빡 잊어버렸어요.
3. 날마다 친구들을 만나면 돈을 많이 쓰게 마련이지요.
4. 그 사람 이름만 알지 다른 건 잘 몰라요.
5. 쉬어 가면서 공부하는 게 좋아요.

26 과

① 1. 전액   2. 정기   3. 구독   4. 접수   5. 계좌
6. 송금   7. 신청   8. 환불   9. 환불   10. 전액
11. 구독   12. 접수   13. 송금, 계좌   14. 신청   15. 정기

② (자유 작문)

③ 1. 형편이 어려워졌대요.
2. 늦게 돌아오게 됐습니다.
3. 부모님이 돌아가시는 바람에
4. 구조 조정하는 바람에
5. 차가 흔들리는 바람에
6. 친구가 말해 버리는 바람에 알게 되었다.
7. 재채기가 나오는 바람에 다 잊어버렸다.
8. 사고가 나는 바람에 일찍 돌아왔어요.
9. 늦잠 자는 바람에 버스를 놓쳤어요.

④ 1. 강원도 지방은 폭설로 교통이 끊긴 상태다.
2. 지진으로 사망한 사람이 30 명이 넘는다고 한다.
3. 잦은 해외출장으로 피로가 쌓였다.
4. 그 사람은 비행기 사고로 아내를 잃었다.
5. 지하철 파업으로 오늘부터 지하철 운행이 중단되었다.
6. 알레르기로 고생하는 사람이 많다.

27 과

① (자유 작문)

② (자유 작문)

③ 1. 어울리는데요, 뭘.　　　2. 별로 안 추운데요, 뭘.
　　3. 별일 아닌데요, 뭘.　　　4. 힘든 일도 아닌데요, 뭘.
　　5. 괜찮은데요, 뭘.　　　　6. 좋은데요, 뭘.

④ 1. 제대로 배우자면
　　2. 원칙대로 하자면
　　3. 작가가 되자면 다른 사람의 작품을 많이 읽어야 해요.
　　4. 옛날 방법 그대로 하자면 힘들지요.
　　5. 자세히 설명하자면 복잡한데요.
　　6. 여기서 가자면 지하철 타시는 게 좋아요.

⑤ 1. 교통도 안 좋고 해서 옮겼어요.
　　2. 월급도 받고 해서 한턱내려고요.
　　3. 몸도 안 좋고 해서 빠졌어요.
　　4. 백화점에 볼일도 있고 해서 갔었어요.
　　5. 결혼기념일이고 해서 여행 가기로 했어요.
　　6. 집도 오래되고 해서 수리하려고 해요.

28과

① 1. ① ×　　② ○　　③ ×　　④ ○　　　2. 장사

② 백화점과 재래시장의 이용이 줄어든 반면 대형마트와 편의점 이용이 늘었다.

③ 1. 새것이나 다름없어요.　　　2. 형제나 다름없어요.
　　3. 부산이 고향이나 다름없지요.　　4. 이긴 거나 다름없어요.
　　5. 다 한 거나 다름없어요.　　　6. 가족이나 다름없는

④ 1. 일찍 발견됐더라면 목숨을 구할 수 있었을 텐데.
　　2. 치료를 제대로 받았더라면 병이 나았을 텐데.
　　3. 도장을 안 가지고 갔더라면 서류를 못 뗄 뻔했어요.

4. 준비를 충분히 했더라면 좋았을 텐데.

5. 부모님 말을 들었더라면 사고가 안 났을 텐데.

6. 그때 참았더라면 일이 안 커졌을 텐데.

⑤ 1. 못 내릴 뻔했어요.　　　　　2. 비행기를 못 탈 뻔했어요.

3. 못 만날 뻔했어요.　　　　　4. 못 알아볼 뻔했어요.

5. 지각할 뻔했는데　　　　　　6. 못 들어갈 뻔했는데

29과

① (자유 작문)

② 1. 서울의 교보문고 뒤쪽에서 종로 3가 사이에 있는 종로의 뒷골목

2. 조선 시대 높은 사람들의 말을 피해서 다니던 길이라는 뜻에서 왔습니다.

3. 양반들이 지나갈 때까지 엎드려 있어야 했습니다.

4. 해장국, 생선구이, 낙지볶음, 빈대떡 등을 파는 식당과 술집이 있습니다.

③ 1. 인터넷을 통해서 여러 가지 정보를 얻을 수 있습니다.

2. 친구를 통해서 하숙집을 소개받았어요.

3. 신문을 통해서 여러 가지 교육을 할 수도 있습니다.

4. 취직하려면 직업소개소를 통해서 알아보세요.

5. 부동산소개소를 통해서 집을 팔거나 삽니다.

6. 아는 사람을 통해서 그 회사에 대한 정보를 얻었어요.

④ 1. 돈이 있으면서

2. 힘들면서도

3. 술 잘 마시면서 괜히 그러지 마세요.

4. 모르면서 안다고 하는 것 같아요.

5. 속으로 좋아하면서도

6. 가벼우면서도

7. 영양이 풍부하면서

⑤ 1. 임신한 줄 몰랐어요.　　　2. 비싼 건 줄 몰랐어요.

3. 관심이 많은 줄 몰랐어요.　　4. 히트할 줄 전혀 몰랐어요.

5. 그 버스가 있는 줄 모르고 다른 버스를 탔어요.

6. 당첨될 줄 모르고

30 과

① 1. ① × ② ○ ③ ○ ④ ×　　2. ①　　3. 인사동의 역사(유래)

② 1. ①　　2. ②　　3. ①　　4. ④

③ 1. 생각 끝에 내린 결정이에요.

2. 5시간의 협상 끝에 그렇게 결정이 났습니다.

3. 오랜 연구 끝에 성공했습니다.

4. 3번의 수술 끝에

5. 고민 끝에

6. 6개월간의 작업 끝에

④ 1. 젊은 사람들이 많이 모이기로는 대학로가 제일입니다.

2. 목소리가 크기로는 ○○ 씨가 제일이지요.

3. 팔씨름이 세기로는 석환이를 따를 사람이 없지.

4. 자연환경이 오염되지 않기로는 뉴질랜드가 아닐까요?

5. 살기 편하기로는 ○○이/가 최고예요.

6. 인구밀도가 높기로는 방글라데시가 제일 아닌가요?

⑤ 1. 조차 없었어요.

2. 조차 확인할 수 없는 상황입니다.

3. 조차 모르는 사람이에요.

4. 조차 못 꾸고 있어요.

5. 나중에는 가족들 이름조차 잊어버려요.

6. 퇴직금은커녕 밀린 월급조차 못 받았어요.

복습 (26과 ~ 30과)

① 1. 말고는   2. 에 / 에다가   3. 으로   4. 보고   5. 나
6. 말고도   7. 커녕   8. 조차   9. 에   10. 이나

② 1. ⑤   2. ③   3. ⑥   4. ①   5. ②   6. ④

③ 1. 에   2. 로는   3. 으로   4. 이나   5. 을   6. 왔더라면   7. 말하자면

④ 1. 못 보고 그냥 갔더라면 아쉬울 뻔했어요.
2. 거래하던 회사가 부도가 나는 바람에 우리까지 어려워진 거예요.
3. 집에 갔다 온 지도 오래 되고 해서 한번 갔다 오려고 해요.
4. 한편으로 기쁘고 좋으면서도 한편으로는 걱정이 되기도 합니다.
5. 상황을 자세히 설명하자면 너무 기니까 간단히 말씀드릴게요.
6. 오랜 세월 방황하던 끝에 이제 새로운 삶을 살게 되었다.

교재 집필

가나다한국어학원 교재 연구부

일러스트
야하타 에미코(八幡 恵美子)

가나다 KOREAN
WORKBOOK 중급 2

초판발행_ 2007년 1월 10일
1판 5쇄_ 2012년 8월 10일
지은이_ 가나다한국어학원
펴낸이_ 엄태상
펴낸곳_ Korea LanguagePLUS®
책임편집_ 이주영
표지디자인_ 이건화
등록일자_ 2000년 8월 17일
등록번호_ 제 1-2718호
주소_ 서울 강남구 역삼동 826-28 범추빌딩 14층
전화_ 교재 주문문의 (02) 3671 - 0582
　　　교재 내용문의 (02) 766 - 1194
팩스_(02) 3671 - 0500
홈페이지_ http://www.langpl.com
이메일_ info@langpl.com

ISBN　978-89-5518-377-1　　14710
　　　　978-89-5518-378-8　　14710(set)